LE VILLAGE DE CORBEAU

Les mythes, les arts et les traditions
des Autochtones de la côte ouest

GUIDE DE LA GRANDE GALERIE

MUSÉE CANADIEN DES CIVILISATIONS

Données de catalogage avant publication (Canada)

Le village de corbeau : les mythes, les arts et les traditions des
Autochtones de la côte ouest : guide de la Grande Galerie, Musée
canadien des civilisations

Publ. aussi en anglais sous le titre : Raven's village
ISBN 0-660-90564-7

1. Autochtones — Colombie Britannique — Pacifique, Côte du —
Expositions. 2. Musée canadien des civilisations — Expositions. I. Ruddell,
Nancy J., 1944- . II. Titre. III. Titre: Les mythes, les arts et les traditions des
Autochtones de la côte ouest. IV. Titre: Guide de la Grande Galerie,
Musée canadien des civilisations.

E78.B9C3214 1995   971.1'00497   C95-980119-7

 IMPRIMÉ AU CANADA

Publié par
Musée canadien des civlisations
100, rue Laurier
C.P. 3100, succursale B
Hull (Québec)
J8X 4H2

Texte
   Nancy Ruddell

Préface
   George F. MacDonald

Illustrations
   Irvine Scalplock (illustrateur principal), Nadine Malo, Laura McCoy,
   Duane Pasco et Joanne Sokolowski

Traduction
   Christian Bérubé

Révision
   Dominique Fortier

Conception graphique
   Purich Design Studio

Nous remercions tout particulièrement monsieur George F. MacDonald
de ses précieux commentaires pendant la préparation de cet ouvrage.

Plat recto
   Danseurs de potlatch de Gordon Miller (MCC S90-4017)

Plat verso
   Le Grande Galerie, par Harry Foster (MCC S92-6344)

This book is also published in English under the title:
*Raven's Village: The Myths, Arts and Traditions of Native People from
the Pacific Northwest Coast*

Canadä

Table des matières

En hommage aux animatrices et animateurs

bénévoles des Programmes scolaires,

qui célèbrent cette année leur 20ᵉ anniversaire

de service au Musée canadien des civilisations.

Préface

Le village de Corbeau jette un regard nouveau sur l'exposition, dans la Grande Galerie, des arts et des traditions des Autochtones de la côte ouest. Cet ouvrage puise largement dans l'œuvre d'anthropologues et de spécialistes autochtones d'hier et d'aujourd'hui.

Toute exposition qui prétend livrer un message doit se fonder sur de solides recherches. Les expositions montées par le père de l'anthropologie américaine, Franz Boas, pour l'American Museum of Natural History de New York et le Field Museum of Natural History de Chicago, sont présentées depuis près d'un siècle et pourraient bien l'être encore pendant plusieurs autres. Nous espérons que l'exposition de la Grande Galerie résistera, elle aussi, au passage du temps, et qu'elle continuera de susciter l'intérêt du public pour les traditions autochtones au cours du xxie siècle.

Le parrainage de recherches anthropologiques par le Musée canadien des civilisations remonte au temps de la Commission géologique du Canada, alors que son directeur, George Mercer Dawson, commença à étudier les cultures autochtones, dans les années 1870. C'est monsieur Dawson qui a acheté les objets de nos premières collections kwakwaka'wakws et haïdas, et c'est lui qui a effectué la première description sérieuse de ces nations.

La recherche qui a servi à la conception de la Grande Galerie provient d'un certain nombre de pionniers de l'anthropologie. Au début du xxe siècle, Harlan I. Smith devint le premier anthropologue du Dominion. En 1912, il commença, en Colombie-Britannique, des fouilles archéologiques qui ont fourni des artefacts à la maison salish de la Côte. En 1915, le brillant linguiste Edward Sapir étudia la langue et la culture nuu-chah-nulths. Il consigna le récit oral expliquant la peinture de façade qui orne la maison nuu-chah-nulth. Franz Boas, qui a réuni quelques-uns des mâts et des masques exposés dans la maison des groupes du centre de la côte, a aussi apporté sa contribution.

Marius Barbeau a consacré une grande partie de sa carrière à réunir et à documenter des mâts totémiques pour le Musée national du Canada et d'autres établissements tels que le Museum of Victoria, à Melbourne, en Australie, et le Royal Museum of Scotland, à Édimbourg, en Écosse. Il a débuté en 1915 et il a été le premier anthropologue à travailler systématiquement avec les Autochtones. Au cours des 40 années qui ont suivi, il a collaboré avec le réputé chercheur tsimshian William Beynon. Ensemble, ils ont recueilli des données qui allaient constituer la matière première de leurs nombreux ouvrages. Ceux-ci représentent toujours une remarquable source de renseignements sur les arts et les traditions des Autochtones de la côte ouest.

L'exposition de la Grande Galerie est le résultat d'une collaboration fructueuse, en vue d'assurer une interprétation fidèle des cultures autochtones, entre le personnel du Musée et les communautés autochtones. Des aînés et des artisans autochtones ont participé à la construction des maisons, au choix des artefacts et à l'élaboration des expositions. Cette approche sera également privilégiée dans la préparation de la salle des Premières Nations.

S'inspirant de diverses perspectives, puisées dans des recherches historiques ou contemporaines, le Musée canadien des civilisations a adopté une approche dynamique de présentation des expositions, qui stimule l'imagination par la reconstitution d'un lieu, d'une époque. Tous les musées se doivent de trouver des manières novatrices de présenter des expositions, qui conjuguent le passé et le présent des cultures.

Les musées recueillent des objets et des renseignements sur ces objets qui leur donnent un sens. Une grande partie de l'histoire et des croyances des sociétés autochtones se trouve dans les représentations de mythes dont elles ornent leurs maisons, leurs mâts totémiques, leurs pirogues, leurs vêtements, leurs boîtes et leurs insignes cérémoniels. Madame Nancy Ruddell, qui a puisé dans l'œuvre d'interprètes autochtones et d'anthropologues, a pleinement reconnu ce fait. Elle s'attarde sur les mythes qui sous-tendent l'art monumental et l'architecture exposés dans la Grande Galerie. Son ouvrage, qui s'adresse à la fois au monde de l'éducation et au grand public, cherche à mettre en lumière les différents sens, structurés comme des strates, du symbolisme autochtone.

Je suis persuadé que cet ouvrage contribuera à mieux faire connaître et à mieux apprécier les traditions culturelles autochtones représentées dans la Grande Galerie. Il confirmera ainsi les dires de l'éminent anthropologue Claude Lévi-Strauss, qui a déclaré que les réalisations des populations de la côte ouest sont aussi importantes dans l'histoire culturelle de l'humanité que celles des peuples de l'Égypte ancienne et de la Chine.

George F. MacDonald
Directeur exécutif
Musée canadien des civilisations

Introduction

La Grande Galerie
Photo : Harry Foster
(MCC S94-13, 741)

La Grande Galerie est un hommage au riche patrimoine culturel des Autochtones de la côte ouest, en Colombie-Britannique. *Le village de Corbeau* décrit les principales caractéristiques de la galerie, les six maisons représentant chacune un groupe linguistique différent, les mâts totémiques et la reconstitution d'une fouille archéologique effectuée dans un village ancien.

Cet ouvrage, qui donne un aperçu de l'art, de l'architecture et des modes de vie traditionnels autochtones, raconte également les mythes représentés sur les mâts et sur les peintures des façades, dans la Grande Galerie. Les mythes sont présentés de façon vivante afin de mieux faire comprendre leur contexte culturel ainsi que les vérités universelles qui en émergent, une fois que nous en découvrons le sens caché.

Les mâts le long du trottoir
Photo : Harry Foster (MCC S94-13, 711)

Les mâts le long des fenêtres
Photo : Harry Foster
(MCC S94-13, 712)

Reproduction de Rotten Gibelk, figure emblématique peinte sur la façade de la maison du chef Skagwait de Port Simpson, vers 1850; vue à l'entrée de l'exposition **Du fond des âges**
Photo : Harry Foster (MCC S94-13, 737)

Chapitre premier

LA MYTHOLOGIE - LE CANOT DE CORBEAU

L'architecte Douglas Cardinal a donné la forme d'un énorme canot à la Grande Galerie. Il s'est inspiré du mythe de la pirogue magique de Corbeau, qui pouvait rapetisser jusqu'à atteindre la dimension d'une aiguille de pin ou grandir jusqu'à contenir l'univers entier. Héros culturel, filou, être capable de se métamorphoser, la plus importante de toutes les créatures, Corbeau a placé le soleil et la lune dans le ciel, il a créé les cours d'eau et les lacs, il a fait apparaître les plantes et les animaux sur la terre de même qu'il a mis les humains au monde en ouvrant une coquille de palourde géante. Il a apporté le feu et la lumière au monde, dérobant celle-ci à l'Esprit du Monde céleste, qui la conservait dans la plus petite d'une série de boîtes gigognes.

Bien que Corbeau ait apporté la vie dans le monde, il n'est pas le Créateur qui a tiré l'univers du chaos. Capable d'accomplir des actes tant bénéfiques que nuisibles, Corbeau a enseigné aux humains des techniques importantes, mais il leur a aussi causé des ennuis avec ses espiègleries. Il constitue un paradoxe, la personnification des tensions créatrices qui existent entre deux opposés.

On trouve des représentations de Corbeau sur des mâts totémiques, sur des peintures de façade, sur des vête-ments et sur nombre d'objets ménagers et cérémoniels. Le grand masque d'or accroché au mur du balcon supérieur représente Corbeau. C'est une sculpture de l'artiste haïda contemporain Robert Davidson, intitulée

La pirogue magique de Corbeau

Corbeau apportant la lumière au monde. On peut également voir cet oiseau tapageur perché sur certains des toits et poteaux de maison de la Grande Galerie.

La vaste collection de mythes autochtones du Musée témoigne de la richesse de cette culture. La littérature, l'art, les chants et la culture matérielle autochtones foisonnent d'êtres humains, d'animaux et d'êtres surnaturels qui ont surgi de quelque part à l'orée de l'univers, à l'origine du temps mythique.

Les mythes peuvent s'interpréter de différents points de vue. Ils racontent des histoires qui expliquent des phénomènes naturels tels que la création du monde et l'évolution des plantes et des animaux. Ils indiquent également la manière dont les humains devraient s'occuper de la terre. À un autre niveau, les mythes constituent une riche source d'enseignements sur la société et sur la condition humaine. Bien que ces histoires puissent sembler irréelles, elles décrivent des vérités universelles, valables pour l'ensemble de l'humanité. Les mythes ont un sens parce qu'ils illustrent des archétypes, des modes de vie et de pensée qui sont universels. Le langage et le cadre des mythes anciens peuvent sembler étranges, mais, en apprenant à penser de manière mythologique, nous pouvons en décrypter les secrets et en découvrir la relation avec le monde contemporain.

Aujourd'hui, on s'intéresse de plus en plus aux mythes pour en découvrir le sens caché. Un certain nombre d'aînés autochtones, de psychologues et d'anthropologues croient que ces récits reflètent des processus psychologiques et spirituels à l'œuvre dans le psychisme humain. On dit que les mythes sont les rêves collectifs d'une société; ils influencent le comportement, les attitudes et la vie quotidienne des gens.

Les cultures autochtones partagent le principe sous-jacent que toutes choses et toutes vies sont liées entre elles : le visible et l'invisible, le matériel et le spirituel. Tous les mondes sont considérés comme interdépendants et non comme des entités séparées. La reproduction des mythes permet aux Autochtones de faire l'expérience de la sagesse et de la puissance de leurs ancêtres. En même temps que les vieux mythes se perpétuent, de nouveaux mythes se créent dans le monde moderne. Ceux qui ont une portée universelle survivront de façon à instruire et à réjouir l'humain de même qu'à répondre à son profond besoin d'être relié à quelque chose de plus grand que lui.

LA GRANDE GALERIE - LE VILLAGE DE CORBEAU

La Grande Galerie a été aménagée en collaboration avec des aînés et des artisans autochtones. L'architecture des maisons reflète la culture traditionnelle alors que des éléments de culture contemporaine se trouvent à l'intérieur des maisons.

Les maisons de la Grande Galerie ne proviennent pas d'un même village. Elles représentent six nations côtières différentes. Il y a, en allant du sud de la côte vers le nord, la maison salish de la Côte, la maison nuu-chah-nulth,

la maison des groupes du centre de la côte, la maison nuxalk, la maison haïda et la maison tsimshiane. Toutes les façades s'inspirent de photographies de maisons historiques réelles. Elles ont été reconstituées par des artisans autochtones provenant de chacune des régions concernées.

Chaque région a sa propre langue et de nombreux dialectes existent au sein de chaque groupe linguistique. Bien qu'il soit déjà trop tard pour certains dialectes, on tente actuellement de consigner et d'apprendre les langues qui restent avant qu'elles ne disparaissent à leur tour. La langue est une clé importante de la compréhension des légendes, de la religion, de l'expression artistique et du mode de vie dans les cultures traditionnelles.

Les lignes courbes de la Grande Galerie évoquent la forme des baies abritées et des cours d'eau de la côte du Pacifique, où s'élevaient les villages autochtones traditionnels. Ceux-ci étaient souvent édifiés sur d'étroites plaines côtières, à quelques pas à peine de la mer. Beaucoup d'Autochtones vivent encore dans des villes et des villages situés sur - ou près - des sites où leurs ancêtres vivaient déjà en des temps immémoriaux.

Dans les villages traditionnels, les maisons s'élevaient côte à côte, face à la mer. L'organisation sociale était extrêmement structurée : chaque famille et chaque personne occupait une place particulière dans la hiérarchie sociale. La plus grande maison, sise au centre du village, appartenait au chef du plus haut rang. Les maisons adjacentes étaient délibérément placées sur une même ligne horizontale, l'une à côté de l'autre, ce qui marquait le lien de parenté entre les familles qui les habitaient. Les maisons situées de chaque côté de celle du chef, au centre, appartenaient à des chefs de moindre rang, par ordre décroissant. Les familles des chefs de rang peu élevé vivaient aux deux extrémités du village. Cette organisation ne peut cependant s'appliquer aux maisons de la Grande Galerie, puisque chacune provient d'un village différent.

Derrière les villages se trouvaient les montagnes et les forêts qui fournissaient bon nombre des nécessités de la vie, y compris le gigantesque cèdre. Son bois solide et léger, à fibres droites, convient parfaitement à la fabrication de mâts totémiques, de maisons, de boîtes, de vêtements en écorce et de beaucoup d'autres objets.

Les gens de la côte étaient des marins qui voyageaient d'un village à l'autre à bord de pirogues monoxyles. Ils se nourrissaient de poisson et, principalement, de saumon.

On pêchait le poisson à l'aide d'hameçons et de lignes, de filets, de lances et de pièges, comme le barrage à poisson que l'on peut voir à l'extrémité de la Grande Galerie donnant sur la rivière. Une mare intertidale, devant la maison salish, évoque l'abondante vie marine des plages de la côte du Pacifique. À marée basse, sur l'estran vaseux, se trouvaient divers mollusques tels que des palourdes, des moules, des huîtres, des haliotides et des pétoncles. On ramassait de longs tubes de varech pour confectionner des lignes, des câbles de touage et des contenants pour entreposer l'huile. On chassait aussi les mammifères marins, et l'on cueillait des fruits sauvages et des racines.

Barrage à poisson

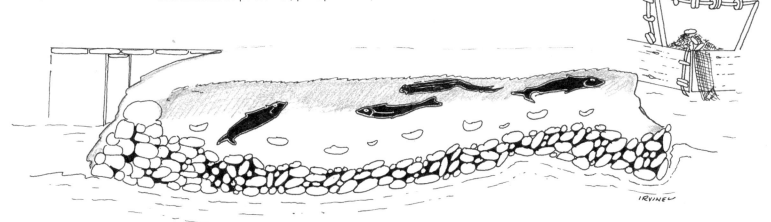

5

Chapitre deux

LA MAISON SALISH DE LA CÔTE

Cette maison s'inspire d'une maison des années 1860 qui se trouvait près de Nanaimo, sur la côte orientale de l'île de Vancouver. À l'instar d'autres maisons le long de la côte, c'était une habitation multifamiliale. Les maisons étaient appelées *halkomelem*, ou *grandes maisons*, parce qu'elles mesuraient parfois plus de 30 m. Des planches de cèdre fendues placées horizontalement entre deux ensembles de poteaux constituent la structure de cette maison. Des lanières en cèdre - les longues branches inférieures de cèdres poussant dans les clairières - maintiennent les planches en place.

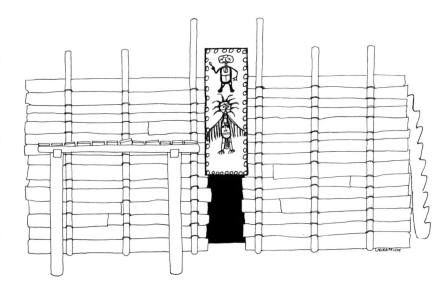

La maison salish de la Côte

Les mâts totémiques n'étaient pas courants chez les Salish, mais ils peignaient parfois les façades de leurs maisons et sculptaient des figures en ronde-bosse et des poteaux de soutien intérieurs. L'écran peint au-dessus de l'entrée est d'un style ancien où l'on voit le contour de deux figures. La figure du haut représente un humain tenant un objet rond qui pourrait être un hochet, et celle du bas évoque un Oiseau-Tonnerre mythique. L'humain est peut-être un chaman et l'oiseau un auxiliaire spirituel. Le chamanisme se pratique depuis aussi longtemps que la conscience humaine existe. Il se manifeste de différentes manières dans un grand nombre de cultures autochtones du monde. Le rôle du chaman consiste, en partie, à intervenir auprès du monde des esprits, à guérir les malades, à retrouver les âmes perdues, à prévoir le temps qu'il fera, à prédire l'avenir ainsi qu'à assurer le succès des expéditions de chasse et d'autres entreprises communautaires. Les chamans peuvent, par ailleurs, utiliser leurs pouvoirs à des fins destructrices, et ainsi provoquer la pauvreté, la famine et la maladie.

Les deux figures de l'écran sont peintes dans un style rayons X, qui montre les organes internes. La représentation stylisée du cœur, des poumons, de l'œsophage et de l'appareil digestif apparaît clairement sur la figure humaine. L'écran se trouve en position relevée, mais dans son cadre d'origine, il pouvait s'abaisser derrière une grande figure humaine en ronde-bosse. Celle-ci représentait un chef aux bras étendus comme les ailes de l'Oiseau-Tonnerre sur l'écran peint. Lorsque l'écran était abaissé, la figure humaine sculptée semblait s'être métamorphosée en Oiseau-Tonnerre.

Pour toutes les communautés autochtones de la côte, maintenir une relation avec le monde des esprits constituait une priorité. L'histoire de chaque famille remontait à des rencontres entre des ancêtres et des êtres spirituels. Lors de ces contacts, les familles acquéraient des emblèmes familiaux qu'elles représentaient sur des possessions telles que les mâts totémiques, les plats de festin et les vêtements de cérémonie. Les groupes vivant plus au nord mettaient leurs figures emblématiques bien en vue, mais les Salish de la Côte avaient tendance à ne pas afficher leurs auxiliaires spirituels.

Le potlatch

À gauche du dessin de façade, on aperçoit un toit soutenu par deux poteaux. Il s'agit d'une plate-forme de potlatch où une personne se tenait pour jeter des cadeaux aux invités qui s'étaient réunis sur la plage. Le potlatch était un grand festin qui durait plusieurs jours et au cours duquel on accomplissait des danses, des chants et des discours cérémoniels. Des gens des villages voisins étaient invités pour être témoins de l'événement et recevoir des cadeaux du chef hôte. Des potlatchs se donnaient pour des raisons telles que l'attribution d'un nom à un nouveau chef, une naissance, le mariage ou le décès d'une personne de haut rang ou le transfert de droits importants d'une personne à une autre. Ces droits pouvaient aller du droit de chanter certains chants, d'exécuter certaines danses, d'utiliser certaines figures emblématiques sur les mâts totémiques et d'autres objets au droit de chasser, de pêcher et de cueillir les fruits de la nature dans des endroits spécifiques.

Le mot potlatch signifie «donner», et le potlatch constituait un moyen, pour un chef, de distribuer des richesses. Chaque invité recevait un cadeau

d'une valeur qui correspondait à son rang. Le statut de sa famille dans la société déterminait le rang d'une personne. Les gens directement apparentés au chef possédaient un rang élevé. Les gens du commun, apparentés de plus loin au chef, étaient de rang inférieur. Les esclaves, enfin, capturés lors d'une guerre, occupaient le bas de l'échelle. En acceptant des cadeaux de potlatch, les invités reconnaissaient les droits et les privilèges que détenaient le chef hôte et sa famille. Le don de présents était également un moyen, pour un chef, d'acquérir du prestige, élément vital dans le maintien de l'indispensable structure sociale.

Toutes les nations côtières prenaient part à des potlatchs. Malgré les nombreux changements survenus au fil des ans, les communautés autochtones continuent, encore aujourd'hui, de tenir des potlatchs pour marquer des événements importants tels que l'érection d'un mât totémique, l'attribution d'un nom à une nouvelle maison ou le mariage d'une personne de haut rang.

Chef tsimshian habillé pour un potlatch - portant une couverture chilkat, un tablier et des mitasses

Écran peint salish de la Côte en position relevée (A) et abaissée (B)

Figure féminine assise dont les mains «tiennent» un bol

À l'intérieur de la maison salish

Plusieurs communautés salish ont collaboré au montage de cette exposition. Cinq figures anciennes en pierre se trouvent près de l'entrée centrale. La plus petite représente une femme assise dont les mains enserrent un bol orné d'une tête d'oiseau. Une bande circulaire représentant un serpent entoure ses joues et son front. La figure a peut-être servi de vaisseau d'ablution à l'occasion de la purification de personnes à différents moments de leur vie. Par exemple, les hommes accomplissaient des rites purificatoires avant de partir pour la chasse, de façon à ne pas offenser les esprits. Aussi, au moment des premières menstruations, les jeunes femmes étaient purifiées lors de rites de puberté. La figure pourrait aussi avoir été utilisée à des fins divinatoires, pour aider les chamans à lire dans l'avenir.

Beaucoup de cultures anciennes ont produit des vaisseaux à forme féminine rehaussée d'imagerie de serpent. En langage symbolique, ces sculptures représentent Mère-Terre, la fertilité et le cycle perpétuel de la naissance, de la mort et de la renaissance. Le serpent est associé à la masculinité, symbole de la croissance de la conscience humaine, alors que la figure féminine évoque l'inconscient collectif, la source de toute énergie créatrice. Ce bol à forme de femme assise peut être interprété comme une métaphore de l'énergie créatrice qui émane de deux opposés et qui stimule la croissance et la transformation en vue de l'illumination de l'être humain.

À côté de la figure humaine assise se trouve une grande et impressionnante figure masculine qui semble porter un enfant. Cette figure a peut-être servi à évaluer la force des hommes lors de concours d'haltérophilie (la sculpture pèse 32 kg). Il s'agit d'une équivoque visuelle, car on peut déceler un phallus dans l'enfant et, lorsqu'on la regarde de dos et à l'envers, la figure ressemble alors à une forme phallique.

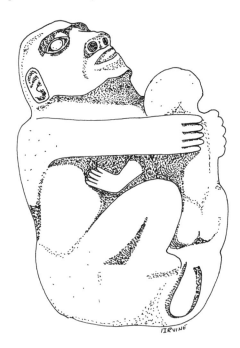

Figure masculine en pierre

De grands panneaux explicatifs où se trouvent des citations de leaders salish contemporains sont accrochés au mur, à côté des figures de pierre, de même qu'à d'autres endroits de cette exposition. Ces citations nous donnent un aperçu de la relation qu'entretiennent les Salish avec la terre et de leur inquiétude au sujet de la gestion des ressources naturelles.

Face aux figures en pierre, trois vitrines présentent des objets utilisés pour le travail du bois, la fabrication de nattes de même que la chasse et la pêche. La vitrine de

Herminette en forme de D pour travailler le bois

droite expose des outils de menuiserie tels que des marteaux et des lames d'herminette en pierre, des herminettes en forme de D à lame d'acier ainsi que de grands coins en bois qui servent à fendre en planches les billes de cèdre. La vitrine du milieu contient de longues aiguilles fines utilisées pour confectionner les nattes, des plisseurs à nattes - en forme d'oiseau - qui servaient à empêcher le jonc et le roseau de fendre ainsi que des cuillers faites de cornes d'animaux. Dans la vitrine de gauche, il y a du matériel de chasse et de pêche tel que des gourdins de bois pour pêcher le poisson, des plombs à filet, un arc et des flèches, des leurres à morue ainsi qu'un bout de harpon qui devait s'attacher à une hampe utilisée pour pêcher.

On a placé derrière les vitrines trois poteaux sculptés qui se trouvaient à l'origine à l'intérieur de deux habitations communautaires distinctes. Celui du centre montre un homme qui représente peut-être un esprit ancestral. Les petits animaux noirs qui grimpent sur le poteau sont un genre de belette - vison, loutre ou martre. D'après la légende, les loutres de mer représentaient les plus riches des êtres surnaturels vivant dans la mer. En vue de cérémonies de purification, on tuait et empaillait ces animaux, ou encore on en sculptait l'image dans le bois. Par exemple, on passait une martre sur le corps d'une jeune fille à la puberté, de haut en bas et de bas en haut, afin de la purifier, tout comme on en voit ici qui grimpent sur le poteau central. Les formes oblongues, sur les deux poteaux latéraux, représentent peut-être des pièces de jeu et les figures en rouge sont des baleines.

La poutre horizontale, à côté des poteaux, est un monument funéraire. Elle est décorée de dragons fluviaux à chaque extrémité, et de deux esturgeons, au centre. On dit que les cours d'eau jaillissent de la bouche des

Écope

dragons et qu'une montaison s'amorce lorsque des saumons s'échappent de leur estomac. Sous la poutre funéraire, on voit des pagaies, des récipients en bois sculpté, une boîte de rangement en planche pliée incrustée de cabochons de nacre, et une écope en écorce pour vider les pirogues de leur eau.

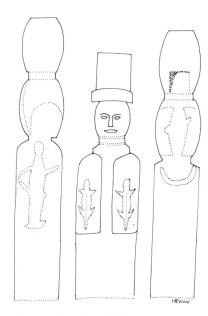

Poteaux de maison salish

À l'autre bout de la maison, on peut voir une exposition sur le tissage. Le tissage des couvertures en poil de chèvre des Rocheuses a évolué au fil des siècles. C'était une activité presque exclusivement féminine. On reconnaissait aux femmes salish une compétence sans pareille dans la fabrication de tissus. Ceux-ci étaient magnifiques et comportaient une signification sociale et spirituelle. L'art ancien du tissage de couvertures salish a connu une renaissance dans les années 1960. Il se perpétue, vibrante expression de l'identité culturelle.

Un chef nanaimo a porté la couverture à bordure ornée de motifs géométriques à l'occasion de sa rencontre avec le premier ministre Wilfrid Laurier en 1911. Les couvertures de ce genre étaient symboles de richesse et de prestige, et on en distribuait aux invités lors des potlatchs. Sur un métier vertical à deux traverses, on voit une couverture en cours de tissage. Sous le métier, il y a une série de grosses fusaïoles en bois, et deux petites fusaïoles préhistoriques en pierre. Des motifs humains, animaliers et géométriques les décorent. La fusaïole servait de poids au fuseau, permettait de maintenir la régularité de la rotation et empêchait la laine de tomber du fuseau pendant le filage. Quand le fuseau tournait, les motifs se fondaient les uns dans les autres et hypnotisaient la fileuse. Cet état de transe était considéré comme essentiel : il donnait à la fileuse la capacité de créer des tissus imprégnés de pouvoirs spéciaux.

De l'autre côté du métier, on voit des paniers tissés en écorce et en racine de cèdre ainsi qu'un chandail cowichan en laine de mouton. Ces jolis tricots sont non seulement chauds, mais ils sont aussi imperméables, car on y a laissé les huiles naturelles. Sur la cloison adjacente, un diaporama présente un vaste éventail d'activités - d'hier et d'aujourd'hui - des Salish de la Côte.

Fusaïole

Chapitre trois

LA MAISON NUU-CHAH-NULTH

Le capitaine Cook a appelé les Nuu-Chah-Nulths du nom de Nootkas, en 1778. Cette erreur s'est perpétuée dans nos livres d'histoire. Cette façade est une réplique de celle d'une maison des années 1880 qui se trouvait près de la ville de Port Alberni, dans l'île de Vancouver. La maison est en planches de cèdre fendues à la main et placées horizontalement l'une au-dessus de l'autre. Les planches, maintenues ensemble par des lanières en écorce de cèdre, se superposent entre des montants.

La maison nuu-chah-nulth

Des disques en bois peints, qui représentent les quatre phases de la lune, surplombent les montants. Au centre de la maison, une ouverture ovale sert d'entrée cérémonielle. Elle représente le soleil, et les dix petits cercles bleus, en dessous, sont des lunes. Des empreintes de mains rouges entourent la porte circulaire. Elles ont été faites par des délégués qui assistaient à un colloque international de muséologie. L'artiste qui a peint la façade a déclaré que cela représente les rayons du soleil et l'union de gens du monde entier qui se seraient donné la main pour célébrer l'inauguration du nouveau Musée canadien des civilisations, en 1989.

Les portes d'entrée étaient généralement situées au centre et sur le côté de la maison. Lorsqu'une personne mourait, on sortait le corps par l'arrière de la maison. On y pratiquait une ouverture en faisant coulisser les planches murales. On peut considérer ces entrées comme des portails qui permettent de passer du domaine profane et public de l'extérieur au domaine sacré et privé de l'intérieur. La possibilité de passer ainsi du profane au sacré, et vice-versa - ou de passer d'un état normal de conscience à un état plus élevé -, fait partie intégrante de la perception qu'ont les Autochtones de la réalité. Cette réalité se reflète dans la façon d'organiser le monde physique et la manière d'interpréter les croyances spirituelles.

Les entrées symbolisent la notion de métamorphose. Dans l'ancien temps mythique, les humains et les animaux vivaient ensemble, parlaient la même langue et pouvaient se métamorphoser, passant ainsi d'une forme de vie à l'autre. Par exemple, Corbeau pouvait se métamorphoser en être humain qui, à son tour, pouvait prendre la forme de nombreuses autres créatures. Beaucoup des figures que l'on voit sur les mâts totémiques, les boîtes, les bols,

les vêtements et les insignes cérémoniels représentent des emblèmes familiaux qui remontent au commencement de la vie, dans le temps mythique.

Les peintures de deux Oiseaux-Tonnerre surmontés de deux Serpents-Éclair, flanqués de chaque côté d'une Morue surnaturelle, ornent la façade nuu-chah-nulth. Elles illustrent un mythe ancestral où la Morue mange la lune. Ce mythe est peut-être une explication des éclipses de lune. Le contour des figures est tracé à la peinture noire. Le noir, le rouge et un bleu-vert sont des couleurs traditionnelles utilisées par toutes les nations côtières. À première vue, les créatures de droite semblent identiques à celles de gauche, mais si l'on y regarde de plus près, on voit que chacune a sa propre identité.

Le mât nuu-chah-nulth

Le Royal British Columbia Museum de Victoria a commandé ce mât et en a fait don au Musée canadien des civilisations. Au sommet du mât, une figure humaine représente Ma-tla-ho-ah, un chef fondateur des Nuu-Chah-Nulths du centre de l'île de Vancouver. Il est en position de danse et porte une coiffure élaborée. En dessous se trouve un Oiseau-Tonnerre qui, à l'instar des gens de la région, chassait la baleine. L'Oiseau-Tonnerre est une créature surnaturelle qui produit le tonnerre en battant des ailes et les éclairs en clignant des yeux. Au bas de ses ailes figurent des Serpents qui projettent des éclairs pour tuer des baleines, la proie favorite de l'Oiseau-Tonnerre.

La partie inférieure du mât raconte une autre histoire. Un chasseur tenant un harpon est assis, protégé, entre les ailes de l'Oiseau-Tonnerre. Il a été pris au piège dans une grotte par un autre chasseur - qui a tué sa sœur. Le harponneur a réussi à s'échapper avec l'aide du Loup.

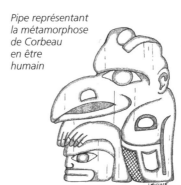

Pipe représentant la métamorphose de Corbeau en être humain

Celui-ci, expert en ruses, lui a conseillé de venger la mort de sa sœur en incitant son rival à chevaucher la Baleine. On peut voir celle-ci à la base du mât, portant sur son dos le chasseur terrifié. Pendant deux mois, ce dernier dériva au large, où il faillit mourir de faim et de soif. Il s'échoua enfin à l'extrémité nord de l'île de Vancouver, mais mourut peu après. Le corps du chasseur fut placé dans la boîte aux trésors d'un chef, de façon à ce que son pouvoir demeure parmi les gens.

Ce récit illustre la croyance selon laquelle on doit se venger de ceux qui font le mal. Son thème principal, les humains qui rencontrent des êtres surnaturels et qui survivent gagnent en pouvoir personnel, revient cependant dans un grand nombre de mythes autochtones. L'homme qui est allé en mer sur le dos de la Baleine (seigneur du Monde sous-marin) et qui est revenu raconter son histoire a acquis un pouvoir qui est resté parmi les vivants, même après sa mort.

À l'intérieur de la maison nuu-chah-nulth

À l'intérieur de cette maison, on peut voir une cloison en cèdre et une vidéo sur la construction des façades de la Grande Galerie intitulée *Le village de Corbeau*. Des cloisons en bois peint isolaient la partie de la maison communautaire réservée au chef, ou servaient de toile de fond lors de cérémonies.

Cloison, à l'intérieur de la maison, représentant des Oiseaux-Tonnerre et des Épaulards

Deux Oiseaux-Tonnerre figurent, bien en évidence, sur la cloison. De chaque côté, en bas, on voit la queue noire de baleines qui fendent la mer. Les êtres noir et rouge à grosse tête, à grande langue et à queue recourbée sont vraisemblablement des Serpents de mer surnaturels, des auxiliaires spirituels de l'Oiseau-Tonnerre. Au milieu de la cloison, le cercle rouge avec un centre ovale blanc symbolise peut-être une phase de la lune ou un portail. Les trois cercles avec une croix, au bas et en haut de l'écran, évoquent probablement la terre - le cercle - et les quatre points cardinaux - la croix à l'intérieur des cercles - sacrés : le nord, le sud, l'est et l'ouest.

Chapitre quatre

LA MAISON DES GROUPES DU CENTRE DE LA CÔTE

Cette maison blanche en planches à clin est la réplique d'une maison kwakwaka'wakw d'Alert Bay, dans l'île de Vancouver. La maison originale appartenait au chef Wakas, et c'était là son aspect au tournant du siècle. Alert Bay s'est constitué autour d'une conserverie, au début des années 1880, et le village est devenu, plus tard, un carrefour commercial.

Les Kwakwaka'wakws, connus aussi sous le nom de Kwakiutls, un peuple du centre de la côte, sont célèbres pour leurs cérémonies d'hiver élaborées comportant des représentations théâtrales. Certains danseurs portent des costumes et de grands masques d'Oiseau cannibale surnaturel. Les représentations ont lieu la nuit, autour d'un feu central, dans la grande maison du chef. Les danseurs portent des masques dont le bec à charnières s'ouvre et se referme au gré du mouvement. Ils imitent l'Oiseau cannibale en train de mordre et ils terrorisent les spectateurs.

Le trottoir devant la maison rappelle les trottoirs en planches de cèdre qui reliaient les maisons entre elles, dans de nombreux villages. Sur la côte ouest où la pluie tombe en abondance, ces trottoirs évitaient de marcher dans la boue.

Le mât du chef Wakas

Le mât totémique central de la maison comporte un gros bec de Corbeau à charnières. La proue d'une pirogue en constitue la partie supérieure. En tirant sur des cordes, à l'intérieur de la maison, on pouvait faire ouvrir et fermer le bec, donnant l'impression que le Corbeau était vivant. Lors de cérémonies, on ouvrait le bec, qui servait alors d'entrée; les gens passaient normalement par une étroite porte aménagée dans la façade de la maison, à côté du mât.

Le mât totémique central fut érigé dans les années 1890, et la peinture de la façade se rajouta vers 1900. Les ailes, les pattes et la queue de Corbeau ont été peintes sur la façade de façon à donner l'illusion qu'il s'envole. Son corps est dessiné à la peinture noire - les historiens de

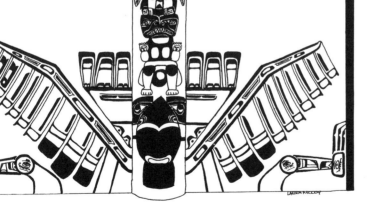

La maison des groupes du centre de la côte

l'art parlent de «l'équivalence de la forme et de la ligne». D'autres lignes - ovoïdes, en S et en U - complètent le corps. Les artistes emploient souvent des gabarits en écorce de cèdre ou en peau pour dessiner ces formes de façon à ce qu'elles soient de dimensions uniformes. Ces lignes et ces formes constituent les éléments de base de l'art autochtone de la côte ouest.

Les mâts totémiques tels que celui-ci comportent des emblèmes familiaux, mais peuvent également s'y retrouver des figures humaines, animales - mammifères, oiseaux, poissons - et mythiques. Il s'agit de déclarations publiques, de représentations tridimension- nelles d'événements et de récits relatifs à la famille. Dans bien des cas, quoique la signification exacte des mâts se soit perdue, il est possible d'identifier certaines figures en analysant leurs caractères anatomiques. Dans certains cas, les figures des mâts sont réalistes. Dans d'autres, elles le sont moins, quand l'artiste a modifié l'arrangement des parties du corps.

On considère le mât du chef Wakas comme un mât de façade ou d'entrée, car il permet de pénétrer dans la maison. Au sommet se trouve l'Oiseau-Tonnerre, seigneur du Monde d'en haut, et en dessous l'Épaulard, seigneur du Monde sous-marin. Ces deux figures opposées symbolisent la notion de dualité, une tension dynamique qui sert de catalyseur et qui rend possible l'union, irrationnelle, des contraires. La juxtaposition des contraires représente un phénomène universel observé dans des cultures tant modernes que traditionnelles. On leur donne des noms divers, par exemple le négatif et le

Motifs : ovoïde, en S et en U

positif, le masculin et le féminin ainsi que le yin et le yang. L'action réciproque de contraires se retrouve dans la religion, l'art, la littérature et la culture matérielle autochtones.

Sous l'Épaulard, on voit le Loup, pattes écartées, tête vers le bas; puis on voit le Sage, une figure humaine en position assise. Puis vient Hokhokw, l'Oiseau cannibale mythique au long bec. Sous lui se trouve l'Ours aux narines rouges et rondes, aux dents pointues et aux pattes antérieures dressées arborant chacune un visage peint. À la base, Corbeau fait le «grand écart», queue dressée, quand on le «superpose» à la façade. Ce mât raconte une histoire sur le Cannibale-qui-vit-à-l'extrémité-septentrionale-du-monde. Trois frères ont tué le Cannibale et son fils en les poussant dans le feu où ils ont brûlé vifs. Leurs cendres se sont transformées en moustiques.

Sous le bec de Corbeau se trouve un objet long et étroit. C'est un tambour : une sculpture en cèdre évidé ayant la forme d'un Épaulard - sa nageoire dorsale l'identifie. Chez les Amérindiens, un groupe de personnes en jouent, accroupies ou assises sur un banc tout à côté. À l'aide de bâtons de cèdre, elles frappent le tambour à l'unisson, selon des rythmes divers. On joue du tambour pour accompagner les chants mortuaires, pour rythmer les danses ou encore pour honorer les invités lors des festins et des potlatchs.

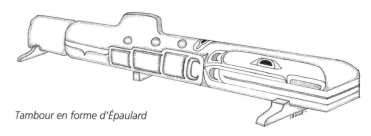

Tambour en forme d'Épaulard

Le mât du chef Wakas

À l'intérieur de la maison des groupes du centre de la côte

L'exposition présentée à l'intérieur de cette maison évoque la préparation d'un potlatch. Dans une vitrine, à l'entrée, se trouvent des bols, des cuillers, des boîtes en bois sculpté ainsi que des bracelets en argent, des cuivres et un chapeau en racine d'épinette. Ces articles témoignaient de la richesse du donateur et pouvaient être distribués à des invités de haut rang. Face à cette vitrine, il y a un écran de danse en cèdre peint avec deux Oiseaux-Tonnerre sur les côtés et un danseur au centre, entouré d'un cercle. C'est un danseur Oiseau cannibale, qui disparaît dans la forêt pour rejoindre le puissant Cannibale-qui-vit-à-l'extrémité-septentrionale-du-monde. Le danseur revient au village sous les traits d'un homme sauvage avide de chair humaine. Tandis qu'il danse, des aides féminines l'apprivoisent graduellement. Des anneaux en écorce de cèdre - que l'on peut voir ici autour de sa tête et en travers de sa poitrine - remplacent les ornements en pruche qui marquent son état sauvage. Le cèdre rouge symbolise la nature sacrée du rite.

Des danseurs portaient les masques qui se trouvent derrière l'écran lors de potlatchs et d'autres cérémonies. Ils sont cachés, conformément au souhait des personnes à qui ils appartenaient. Lorsqu'on ne les utilise pas, on les range à l'abri des regards par respect pour leur pouvoir.

Beaucoup d'articles ménagers se retrouvent au milieu de cette exposition. On a acheté de la vaisselle, des couvertures, des récipients en métal, des linges à vaisselle, des grille-pain, des parapluies, des sacs de farine, des

Danseur à masque représentant Hokhokw, l'Oiseau cannibale

Poteau de maison avec figure de Sisiutl

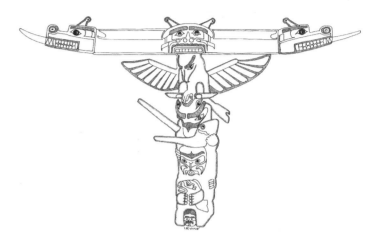

fanaux et des miroirs pour les donner en présent lors d'un potlatch. L'intérieur d'une maison d'Alert Bay des années 1930 a été recréé dans un coin. On y voit un poteau de maison avec, au sommet, Sisiutl - le monstre bicéphale -, l'Oiseau-Tonnerre, la Baleine, le Loup et l'Épaulard en dessous ainsi que, à la base, Tsonoqua tenant le Loup. Cette pièce évoque l'époque où le potlatch se donnait clandestinement, interdit par une loi en 1884. Cette loi a été abrogée en 1954.

Une présentation audiovisuelle replace le potlatch dans son contexte historique. Elle décrit en outre le mythe du Cannibale et explique sa pertinence dans la vie contemporaine. Chaque génération doit tour à tour revivre le mythe afin d'en comprendre le message. Le Grizzli tenant une femme est la principale figure des deux poteaux de maison adjacents à l'écran de projection. Sur

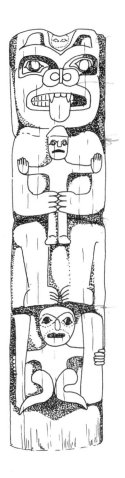

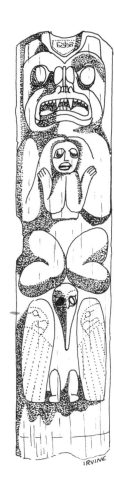

Poteaux de maison avec figures de Grizzli

le mur, près de la sortie, on aperçoit une couverture à boutons ornée d'un Aigle. La confection des couvertures à boutons débuta lorsque l'Europe entreprit le commerce des couvertures de laine. Les femmes autochtones transformaient les couvertures en vêtements de cérémonie en leur ajoutant des appliques de laine - des emblèmes familiaux - de différentes couleurs et en accusant le contour des formes avec des boutons. Avec le temps, la confection de couvertures à boutons est devenue un art, et des artistes autochtones fabriquent toujours de ces beaux vêtements.

Le plat de festin

Le grand plat de festin, habituellement placé près des escaliers roulants, représente un être surnaturel de la littérature kwakwa̲ka'wakw. Tsonoqua, la femme sauvage de la forêt, se reconnaît à son énorme tête et à sa bouche aux lèvres rondes. Tsonoqua fait particulièrement peur aux enfants. Elle éprouve l'envie obsessionnelle de les attirer dans sa maison aux trésors pour les y dévorer. On enseigne aux enfants à recourir à la ruse si elle

les capture. Comme Tsonoqua est à demi aveugle et qu'elle est maladroite, ils peuvent réussir à s'échapper en lui ravissant ses trésors et son pouvoir.

Le plat de festin qui représente Tsonoqua est sculpté dans du cèdre, symbole de richesse. Lors de cérémonies, on plaçait de l'huile dans des cavités de la tête et des genoux de même que dans des bols amovibles sculptés en forme de grenouilles, de phoques et de vivaneaux. Ces bols devaient contenir des huiles extraites de ces animaux marins, et l'abdomen du plat de festin était sans doute rempli d'algues. On utilisait une louche géante pour servir l'huile d'eulakane - une sorte d'éperlan. On la faisait circuler à la ronde pour que chacun y boive. L'huile d'eulakane se servait également comme condiment, avec des aliments séchés tels que des baies, du saumon et des algues. On la mettait alors dans des bols à graisse individuels sculptés en forme d'humains, d'animaux et d'oiseaux.

Les deux figures humaines sculptées qui s'agrippent aux hanches de Tsonoqua sont des jumeaux. Les jumeaux ont un statut particulier parce qu'ils sont apparentés à l'Ours, un animal supérieur doté de pouvoirs surnaturels qui donne normalement naissance à une portée de deux oursons. La naissance de jumeaux humains est considérée comme un événement merveilleux, car on croit qu'ils possèdent des pouvoirs surnaturels.

Lors de cérémonies, on roulait le plat de festin dans la maison du chef. Parfois, on plaçait ce plat les pieds face aux invités. Cela constituait une grave insulte, et ils devaient trouver le moyen de se venger.

Tsonoqua-de-la-mer, pendant marin de Tsonoqua-de-la-forêt, domine les eaux magiques de la vie et confère la richesse aux gens. Tsonoqua-de-la-mer est l'un des nombreux êtres mythiques sur lesquels règne Qomoqua, le chef des Êtres sous-marins, qui vit dans un somptueux palais de cuivre gardé par des monstres marins. Les riches huiles des créatures marines placées dans le plat de festin expriment la richesse de manière tangible.

S'ils veulent remporter quelque succès à la pêche ou à la chasse aux mammifères marins, les humains doivent d'abord demander aux esprits de laisser aller ces animaux, qui viendront alors se faire prendre. Lorsque les gens mangent ces animaux, ils en consomment l'âme. Les humains doivent donc leur témoigner gratitude et respect. Pour ce faire, ils exécutent des danses ou des chants rituels en guise de paiement ou à titre de réciprocité. S'ils n'agissent pas comme il faut, les esprits peuvent se venger. Ils empêchent les animaux marins de venir vers les humains pour se faire attraper. Les rites sont une expression de gratitude où l'on reconnaît sa dette envers le Créateur et envers toutes les créatures qui contribuent au maintien de la vie sur la terre.

Le plat de festin de Tsonoqua

Chapitre cinq

LA MAISON NUXALK

Cette maison inusitée s'inspire de celle du chef Clellamin à Bella Coola. La maison originale a été construite à la fin du siècle dernier. La façade raconte l'histoire de Nusq'alst, l'ancêtre surnaturel du chef. Au début des temps, Nusq'alst est descendu sur terre et a établi les familles de la vallée de la Bella Coola. Il s'est ensuite transformé en montagne, lieu associé à la sagesse et au pouvoir. Les cinq pics bleu et blanc évoquent les montagnes enneigées; un cerf, un loup et deux chèvres des Rocheuses observent les alentours

depuis le flanc des montagnes. Les boules de bois, au sommet des pics, représentent les pierres que les gens ont utilisées pour mettre leurs pirogues à l'ancre lors du Déluge.

La figure humaine, au-dessus de la porte, rappelle la mémoire du chef Clellamin. Lorsqu'on tire sur une corde, dans l'entrée, les bras du personnage actionnent le marteau en signe d'accueil des invités à un festin. Le marteau indique que cette famille possédait une carrière et produisait des marteaux de pierre qu'on vendait à d'autres groupes du centre de la côte.

Des «cuivres», en forme de boucliers, sont montés sur la façade, de chaque côté de la porte. D'après la légende, Tsonoqua aurait donné le cuivre aux gens. Tsonoqua l'aurait reçu de Qomoqua, le maître de la richesse qui vit dans une maison de cuivre au fond de la mer. Le cuivre, tout comme l'or, réfléchit l'éclat du soleil; on croit que ce métal a une origine céleste. Lorsque les humains l'ont reçu, ils ont pu donner le premier potlatch. Les cuivres sont le symbole de richesse le plus prisé; ils témoignent du rang élevé de leurs propriétaires. Un visage en orne souvent la partie supérieure, et il s'y trouve toujours une ligne horizontale et une ligne verticale formant un T sur la moitié inférieure. Ce T représente les os de la figure qui orne la pièce. À un potlatch, un chef pouvait donner ou même briser un cuivre pour démontrer sa richesse. Dans ce cas, on prenait soin de garder les lignes formant le T intactes parce que les os symbolisent la substance à partir de laquelle une nouvelle vie commence, dans le cycle de la réincarnation. Les mythes de nombreuses cultures autochtones du monde entier expriment cette idée. Les os, l'une des parties les plus durables de notre corps,

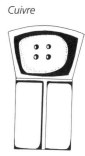

Cuivre

La maison nuxalk

peuvent abriter l'âme humaine. La vie est considérée comme éternelle, et la mort n'est qu'une pause dans le cycle perpétuel de la naissance, de la mort et de la renaissance.

Le mât de Tallio

Les deux mâts d'entrée, devant la maison du chef Clellamin, n'ont pas de rapport direct avec la maison. Celui qui porte un gros disque à son sommet provient du village de Tallio. Le disque représente le Soleil, sur lequel est perché l'Aigle - ou l'Oiseau-Tonnerre. Sous le disque se trouve le mythique Oiseau cannibale, Cannibale-au-nez-pointu-géant-qui-vit-à-l'extrémité-septentrionale-du-monde, dont les cendres se transformèrent en moustiques lorsqu'il mourut brûlé vif. Immédiatement sous sa bouche tombante se trouve le Castor, et sous ce dernier le visage au sourire épanoui d'un être surnaturel inconnu. À la base, on voit un autre visage, au nez pointu et à la bouche grande ouverte qui servait jadis d'entrée de maison.

Le mât du chef Qomoqua

C'est le mât d'entrée d'une maison qui se trouvait à deux portes de celle du chef Clellamin, à Bella Coola. Au sommet de ce mât, on voit le visage bleu de l'insaisissable et surnaturel Qomoqua, maître des créatures mythiques sous-marines. Il porte de chaque côté de la tête des oreilles d'Épaulard qui frisent. Au-dessous de lui, on reconnaît le Hibou, puis l'Aigle, qui tient un disque dans ses griffes. Sur le disque, on voit le visage du chef Qomoqua, qui a commandé le mât. À la base du mât se trouve l'image de son homonyme, Qomoqua le Surnaturel. Selon la légende, les gens emportés dans des remous descendent jusqu'à la maison de Qomoqua, au fond de la mer.

Le mât de Tallio

Le mât du chef Qomoqua

À l'intérieur de la maison nuxalk

Cette exposition présente des masques et des coiffures qui évoquent les êtres puissants rencontrés par les ancêtres du peuple nuxalk. Des danseurs costumés portaient ces masques. Ils interprétaient des récits sur l'histoire de leur peuple. La grosse sculpture d'un homme en noir se trouvait autrefois à l'intérieur d'une maison nuxalk. Ses bras étendus créent l'illusion qu'il soutient les poutres du plafond. Des stations vidéo présentent des scènes de potlatchs contemporains - danses, festins et distribution de cadeaux - à Bella Coola.

Le séchage du poisson

Un séchoir à poisson se trouve tout au bord du trottoir en bois, devant la maison nuxalk. Il ne s'y trouve qu'une rangée d'eulakanes, mais d'autres viendront s'y ajouter à mesure qu'ils seront disponibles. Le séchoir devrait normalement se remplir puisqu'il se pêche encore d'énormes quantités d'eulakanes dans les rivières Nass, Skeena et Bella Coola. De leur pirogue, les

L'intérieur de la maison nuxalk

pêcheurs ramassent le hareng et l'eulakane à l'aide de filets et de râteaux - de longs bâtons en bois dur avec une série de dents en os.

L'huile d'eulakane, très nourrissante, était un bien d'échange précieux. Pour extraire l'huile, on suspendait le poisson au soleil ou on le mettait à «mûrir» dans une fosse. On faisait ensuite bouillir le poisson décomposé dans une grande boîte en cèdre plié pour le réduire en graisse. Avant l'introduction des récipients de fer par les Européens, on se servait de boîtes en bois pour cuisiner les aliments. On faisait chauffer des pierres spécifiques dans un feu à découvert et on les plaçait ensuite dans les boîtes en bois contenant de l'eau. Les pierres faisaient bouillir l'eau et l'on cuisait ainsi le poisson, la viande ou les légumes.

L'huile d'eulakane fournissait du gras et nombre d'oligo-éléments, importants dans le régime alimentaire d'une population maritime. L'eulakane servait aussi à l'éclairage. On pouvait en effet allumer sa queue comme une chandelle.

Pêche à l'eulakane au moyen d'un râteau

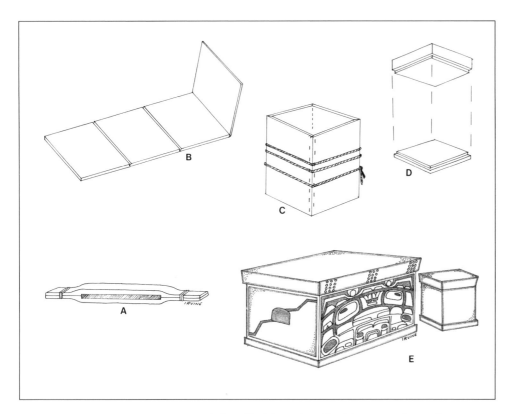

Fabrication des boîtes en planche pliée :

outil pour plier la planche (A);
pliage de la planche (B);
les côtés sont attachés et cousus ensemble (C);
couvercle et fond d'une boîte (D);
boîtes en planche pliée (E).

Aujourd'hui, la graisse d'eulakane sert de condiment et elle constitue un mets délicat. Elle a en outre des propriétés médicinales. La graisse peut être appliquée sur la peau pour protéger des morsures des insectes, sur la poitrine pour prévenir le rhume et sur les cheveux pour leur donner du corps et de l'éclat.

On entreposait la graisse dans des tubes de varech séché suspendus aux chevrons ou conservés dans des boîtes en planche pliée. Ces boîtes témoignent du remarquable talent de menuisier des gens de la côte ouest. Une seule planche de cèdre suffisait à façonner les côtés. On la biseautait ou on l'encochait pour la plier et former une boîte. Après avoir soigneusement travaillé la planche, on la passait à la vapeur, on la pliait et on la cousait avec des racines de cèdre ou on la fixait avec des chevilles de bois. On préparait le fond de manière à ce que les bords s'y emboîtent parfaitement et en assuraient l'étanchéité. On y ajoutait ensuite un couvercle. On faisait des boîtes en planche pliée de toutes les dimensions et on les utilisait pour entreposer la nourriture, les vêtements ainsi que de nombreux articles ménagers et cérémoniels. Certaines étaient peintes, d'autres sculptées de façon élaborée, mais la majorité n'était pas décorée. Des artistes contemporains ont ravivé l'art de la fabrication de boîtes en planche pliée. De telles boîtes se retrouvent à l'intérieur de certaines des maisons, devant certains mâts et dans l'exposition sur l'archéologie.

On séchait aussi le flétan, la morue, le saumon et d'autres poissons sur des séchoirs. Pour conserver le poisson, on le fumait sur un feu à découvert ou dans un fumoir. Les poissons que l'on devait consommer sous peu n'étaient que partiellement fumés; ceux que l'on mangerait plus tard l'étaient complètement. Ils devenaient durs, totalement déshydratés. Pour entreposer le poisson fumé, on l'enveloppait dans de l'écorce de bouleau et on l'enfouissait dans des fosses ou des caches garnies d'écorce ou de branchages. Seules les femmes qui enterraient la nourriture connaissaient l'emplacement des fosses. Les personnes capturées ne pouvaient donc pas révéler à leurs ennemis où la nourriture se trouvait. Pour empêcher les animaux (particulièrement les souris) de manger la nourriture entreposée, on plaçait sur les boîtes des branchages de conifère afin de camoufler l'odeur. Comme complément à ce camouflage, on ajoutait des pierres et de la terre. On entreposait aussi la nourriture dans les arbres ou dans des abris de bois situés en hauteur, à l'abri des animaux.

Chapitre six

LA MAISON HAÏDA

Les îles de la Reine-Charlotte sont la patrie ancestrale des Haïdas qui l'appellent, dans leur langue, Haida Gwaii. Cette façade, belle dans sa simplicité, est typique d'un style qui était populaire au XIXe siècle. Les poteaux d'angle sont mortaisés de façon à recevoir les massifs chevrons du toit. Contrairement aux autres maisons de la Grande Galerie, les poutres et les poteaux se voient de l'extérieur de la maison.

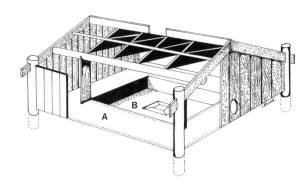

La maison haïda : on voit la plate-forme intérieure surélevée (A) et le foyer (B)

La maison constitue une métaphore : c'est un coffre aux trésors qui recèle des richesses. C'est aussi un être vivant qui compte toutes ses parties du corps. La porte d'entrée centrale devient la *bouche*, l'ouverture de derrière (pratiquée en faisant coulisser les planches) l'*anus*, les poteaux et les poutres sont les *os* et le toit de même que les planches des côtés la *chair* de la maison.

Dans la maison haïda, le revêtement extérieur est fait de larges planches en cèdre fendu dégauchies à l'herminette. Elles sont placées à la verticale et coulissent dans les rainures des planches horizontales du haut et du bas. On peut donc les écarter pour améliorer l'aération de la maison. Chez les Tsimshians, les larges planches des maisons se démontaient. On pouvait ainsi les réutiliser dans les villages d'été situés près des lieux de pêche.

Comme les toitures d'autres maisons de la côte, celle-ci est faite de planches de cèdre. Des pierres les maintiennent en place pour empêcher le vent de les emporter. Un trou à fumée central, dans le toit, s'ouvre et se ferme, au besoin, s'il fait mauvais temps. À l'intérieur

La maison haïda

Le mât de la Maison-attendant-la-prospérité

d'une maison typique, un foyer central est entouré d'une plate-forme surélevée. Celle-ci se divise en compartiments où dorment les familles qui partagent la maison. La famille du chef occupait la partie arrière de la maison, vis-à-vis de la porte d'entrée. Le chef utilisait souvent des cloisons de bois pour séparer le compartiment de sa famille de celui des autres. Les familles étaient distribuées en ordre hiérarchique décroissant le long des deux côtés. Les esclaves qui vivaient dans la maison occupaient le secteur situé près de la porte d'entrée.

LES MÂTS HAÏDAS

Le mât de la Maison-attendant-la-prospérité

Le mât de façade de la maison haïda illustre deux mythes distincts. Les figures de la base représentent Sus'an, le mythique Grizzli-de-la-mer. Celle du bas porte un chapeau élancé à six anneaux de potlatch, ou *skils*, et son abdomen sert d'entrée. Ces deux figures rappellent le mythe d'un jeune homme que sa belle-mère trouvait paresseux. Pour la confondre, il captura Sus'an, un Grizzli-de-la-mer, dans un petit lac derrière son village. Il le tua et en garda la peau. Tous les matins, il revêtait la peau de Sus'an, prenait le large et ramenait des baleines de même que des poissons chez sa belle-mère. Quand cela se fut produit un certain nombre de fois, celle-ci se mit à agir comme un chaman, croyant avoir des pouvoirs surnaturels qui lui permettaient de rapporter des animaux marins chez elle. Un jour, elle prophétisa que son pouvoir se manifesterait le lendemain matin. Tous les villageois attendirent sur la plage et virent Sus'an arriver, enlever sa peau et révéler sa véritable identité. Tous savaient maintenant que c'était le gendre qui rapportait les animaux marins, et non sa belle-mère. Il la tourna ainsi en

ridicule. Le gendre déguisé en Sus'an se retrouve, sur le mât, au-dessus de Grizzli-de-la-mer. Il a la forme de ce dernier et tient des *skils* dans ses mains. Ce récit fait référence à la croyance populaire qui veut que l'on rende œil pour œil, dent pour dent, au risque, si on ne le fait pas, de couvrir toute sa famille de ridicule.

Trois Guetteurs se trouvent au sommet du mât. Les deux petits, sur les côtés, portent des *skils* comme en arboraient les chefs lors des potlatchs. Les anneaux du chapeau pouvaient indiquer le nombre de potlatchs que le chef avait donnés. Un chapeau en forme de nageoire d'Épaulard coiffe la figure du centre. Les figures semblent guetter soit l'arrivée d'invités, soit celle d'ennemis.

Sous les Guetteurs, on voit l'Aigle et son bec crochu, et entre ses ailes se trouve la femme de Gunarh. Elle tient la nageoire dorsale de l'Épaulard qui emporta son âme au pays des Baleines, à sa mort. Le mythe décrit comment son mari tenta de la sauver des gardiens des âmes qui vivent dans le Monde sous-marin. Ce récit s'apparente, comme de nombreux autres dans la mythologie autochtone, au mythe d'Orphée. Il met en scène un héros qui cherche à récupérer l'âme de sa défunte bien-aimée, qui a gagné soit le Monde céleste, soit le Monde sous-marin.

Sous les pieds de la femme, on voit les nageoires stylisées et la queue de l'Épaulard. Vient ensuite le visage de Gunarh - il cherche sa femme - qui se cramponne à la tête de l'Épaulard. Ce mât, qui date des environs de 1875, s'élevait autrefois devant une maison communautaire de Haina, près de Skidegate.

Le poteau de la maison du chef Wiah

Devant la maison, on peut voir un mât plus petit sculpté en forme de Castor. Ce mât appartenait à Wiah, le chef du village haïda septentrional de Masset. C'est un poteau d'intérieur qui se trouvait à côté de l'appartement particulier du chef. Le bâton, dans la gueule du Castor, est incrusté de nacre d'haliotide. Sur sa queue, à la base, se trouve un visage humain sculpté. Entre ses oreilles s'élèvent six *skils*, ou anneaux de potlatch (qui seront placés sur le mât à une date ultérieure) et, au centre du poteau, on peut voir la tête d'un chabot qui fixe le spectateur depuis le ventre du Castor.

Le mât de Kayang

Le grand mât, à gauche du mât d'entrée, est une acquisition récente. Il a été présenté à l'Exposition internationale de Chicago de 1893 et a connu plusieurs propriétaires avant que le Musée canadien des civilisations ne s'en porte acquéreur dans les années 1980. Le mât était à l'origine celui d'une maison connue sous le nom de Maison-au-chapeau-de-danse-à-anneaux-de-potlatch. Au sommet, on voit le chef, qui porte un chapeau de danse à anneaux de potlatch et qui étreint un petit animal semblable à une grenouille. Leurs langues se touchent, ce qui symbolise peut-être le transfert de pouvoirs surnaturels. Au dire de Bill Reid, célèbre artiste haïda, ce geste exprime le pouvoir de communication, d'interrelation entre tous les êtres, réels ou mythiques. En dessous, on peut voir une Baleine accroupie à bras humains entourant ses jambes humaines. À la base se trouve l'Ours avec un petit Corbeau dans la gueule.

Poteau de la maison du chef Wiah

Le mât de Kayang

Le mât de Fox-Warren

Le mât de l'extrême gauche appartenait à un chef du lignage du Corbeau, à Masset. Il fut acheté par Bertram Buxton, qui l'expédia en 1882 à Fox-Warren, son domaine en Angleterre. Afin de préserver son mât, monsieur Buxton le recouvrit de goudron - qui préserva jusqu'aux lignes les plus fines de la sculpture. Lorsque le Musée a acheté le mât, le personnel chargé de la restauration a passé des mois à enlever ce goudron. Les marques d'herminette sont encore visibles à travers la patine foncée que le goudron a laissée sur le bois.

Tout comme sur le mât d'entrée, trois Guetteurs surmontent celui-ci. Celui qui porte le chapeau le plus haut est un Écueil surnaturel, une figure emblématique qu'utilisent et les Haïdas et les Tsimshians. D'après le mythe, un Écueil est un monstre à forme de Grizzli qui a deux grandes dents ou pointes acérées sur le dos. Il attend, à fleur d'eau, de pouvoir faire chavirer les pirogues qui passent. Lorsqu'il est fâché, il peut les couler en soulevant une énorme vague ou en s'abattant sur elles. L'Écueil est également connu sous le nom de Wegets, ce qui l'apparente à Corbeau, le filou. Le mythe décrit le très grand danger qu'encourent les pirogues qui naviguent à l'embouchure de la Skeena. De fréquents glissements de

terrain le long de la rivière charrient d'énormes arbres déracinés. En descendant le cours de la rivière, ils s'échouent parfois sur les hauts-fonds du delta. Quand des courants turbulents les soulèvent, ils peuvent se déplacer soudainement et détruire une pirogue. Si la pirogue frappe un Écueil, elle peut s'éventrer et les pagayeurs se noyer. Les Haïdas ont toujours craint les hauts-fonds du delta de la Skeena.

Il est aussi possible de considérer ce récit d'un point de vue psychologique. Dans le symbolisme du mythe, l'océan équivaut à l'inconscient collectif où la conscience de chaque personne est considérée comme une petite île. Les rencontres avec des êtres redoutables des abysses peuvent faire augmenter le niveau de conscience et la puissance personnelle, ou édifier les humains au fil de leur vie.

Sous les trois Guetteurs de ce mât, on voit un autre Écueil tenant une Grenouille. Vient ensuite le Grizzli avec un petit visage d'ourson entre les oreilles et un chasseur humain assis entre les bras. À la base se trouve le Loup-de-la-mer avec trois visages humains entre et dans les oreilles ainsi que la Baleine sur le ventre.

À L'INTÉRIEUR DE LA MAISON HAÏDA

La maquette du village de Skidegate

La maquette du village haïda de Skidegate, dans les îles de la Reine-Charlotte, a été réalisée d'après des photographies prises par George Mercer Dawson en 1878 et Edward Dossetter dans les années 1880. À la suite de l'épidémie de variole qui tua 90 pour 100 de la population haïda, les survivants de deux villages s'y installèrent.

Cette maquette représente les trois zones du monde, selon les Haïdas. La mer est le monde d'en bas, le village et la zone intertidale sont le monde humain et la forêt, les montagnes de même que le ciel représentent le monde d'en haut. Une expression haïda dit que le monde est aussi tranchant qu'un couteau. Elle fait allusion à la forme du monde du milieu, le monde humain, une bande de terre étroite et longue, recourbée comme le tranchant d'un couteau. Cette bande se trouve entre la mer et la forêt, où habitent des êtres surnaturels.

Skidegate est la réunion, donc, de deux villages, et compte 30 maisons de planches construites en deux rangées distinctes. Deux rangées parce que seules les familles d'un même lignage pouvaient construire leurs maisons côte à côte, sur le même axe horizontal du monde.

Chaque maison est dotée d'un grand foyer central et de quatre poteaux d'angle qui représentent les quatre coins du monde. Deux lignes invisibles se croisent au-dessus du foyer. L'une va de l'arrière à l'avant de la maison et la seconde d'un côté à l'autre. On considère ces lignes qui s'entrecroisent comme les axes du monde. Celle qui passe de l'arrière à l'avant de la maison mène à l'océan. Toutes les maisons se trouvent ainsi reliées à un point commun dans la mer. Derrière la maison, cette ligne mène au sommet des montagnes, reliant le monde céleste et le monde marin. La ligne qui va d'un côté à l'autre parcourt le monde, joignant toutes les maisons de même lignage.

Le mât de Fox-Warren

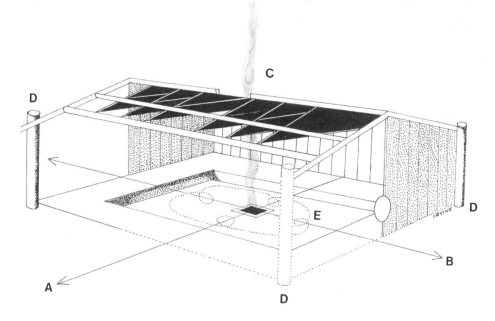

C

D

D

D

A

B

E

IRVINE

Intérieur de maison haïda :

on voit deux axes horizontaux passant par le foyer (A,B);

l'axe vertical au-dessus du foyer (C);

les poteaux d'angle (D);

le circuit des danseurs autour du foyer (E).

Il n'y a pas que des axes horizontaux. Les mâts totémiques et la fumée qui monte des foyers constituent des axes verticaux. La fumée qui s'élève du foyer central porte des messages dans le monde d'en haut. Dans beaucoup de cultures autochtones, la fumée, qui est à la fois visible et intangible, est considérée comme un moyen important de communication avec le monde des esprits. Lors de cérémonies rituelles, alors qu'on fait brûler du tabac sur un feu découvert ou qu'on fume la pipe, des prières pour que les esprits intercèdent en faveur de l'humanité s'élèvent vers le ciel.

Les mâts totémiques sont des axes visibles analogues au Grand Arbre que l'on trouve dans d'autres cultures du monde. On les considère comme des lignes de communication permettant aux humains et aux esprits de se rencontrer, comme l'échelle de Jacob, dans la Bible,

permettait aux âmes humaines de monter au ciel et aux forces spirituelles de descendre sur terre. Cette union des humains et des esprits peut guider, guérir, purifier l'humanité et lui donner des pouvoirs. Les *skils*, ou anneaux que portent les chefs lors de potlatchs, qui surmontent les chapeaux, constituent également une expression visuelle de cette idée. Les humains, dont les vertèbres se prolongent symboliquement grâce aux anneaux de leurs chapeaux, deviennent des mâts totémiques, des représentations vivantes des lignes qui relient le monde du milieu au monde d'en haut et à celui d'en bas. Au moyen de ces axes verticaux, les chamans ont le pouvoir de passer du domaine des hommes aux régions lumineuses du monde céleste ou aux ténèbres du monde sous-marin.

Le foyer, à l'intérieur de la maison, joue un rôle important lors des cérémonies. Des danseurs en font le tour; toutes les fois qu'ils franchissent un des axes du monde, ils tournent, ce qui remonte l'horloge cosmique. Les rites de ce genre, tels les chants, les danses, les prières et les cérémonies, revêtent une signification particulière. Par l'exécution de rites, les gens reconnaissent la petitesse des humains par rapport à la grandeur du Créateur et demandent, dans une recherche de réciprocité, que le soleil continue de se lever, que les saumons reviennent, que les autres fruits de la terre poussent à nouveau et que les saisons poursuivent leur cycle comme elles le font depuis l'aube des temps.

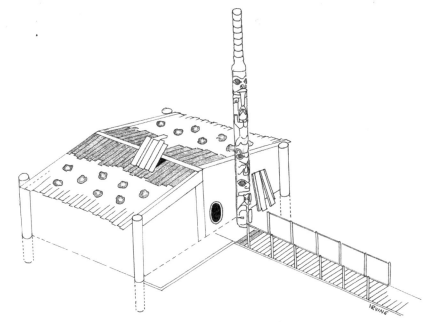

La maison du chef de Skidegate

La maison la plus grande, au centre de la maquette, est celle du chef. On peut y voir de larges planches de façade peintes, amovibles et, devant, plusieurs grands mâts totémiques où figurent des emblèmes familiaux ainsi qu'un trottoir en bois qui va de la porte à la plage. D'autres chefs et leurs familles occupaient, en ordre hiérarchique décroissant, les maisons de chaque côté. Le revêtement de certaines maisons a été entièrement enlevé, laissant voir la charpente, les poteaux et les poutres. Peut-être est-ce parce que ces maisons ont été abandonnées? À moins que la population du village n'attende l'ensevelissement d'un chef décédé. Ce n'est qu'alors que l'on pourrait nommer un nouveau chef et reconstruire la maison.

Dans les années 1870, Skidegate était le village haïda le plus grand et le plus riche. Son économie reposait principalement sur le chien de mer, une sorte de requin abondant dans la région. Comme on n'y pêchait pas l'eulakane, on y utilisait l'huile de chien de mer. Le chien de mer est une figure emblématique sur de nombreux mâts du village. Il a un grand front ovale, une gueule tombante, des fentes branchiales sur les joues et le front ainsi que des épines pointues et des nageoires pectorales sur le dos.

Derrière les maisons, on cultivait des pommes de terre dans de petits potagers (ce sont les Européens qui ont introduit la culture de ce tubercule). On cultivait la pomme de terre pour la vendre au fort de la Compagnie de la Baie d'Hudson. Les petites cabanes, au fond des jardins, servaient de dépôts mortuaires. Sur la plage, il y a des séchoirs à poisson, et certaines pirogues sont recouvertes de nattes en écorce de cèdre qui empêchent le soleil de faire fendre leur bois.

Il est heureux que George Mercer Dawson et Edward Dossetter aient pris des photos de Skidegate. En 1890, pratiquement 90 pour 100 des maisons et des mâts avaient disparu. Cette maquette constitue un important témoignage de la culture haïda classique à son apogée.

La cloison peinte

Vis-à-vis de la maquette du village de Skidegate se trouve une magnifique cloison peinte et sculptée qui servait à séparer l'appartement d'un chef de celui des autres habitants de la maison. Corbeau - sous une forme humaine - trône au centre; ses pattes arrondies épousent le cercle de l'entrée. Corbeau figure également, serrant la Baleine dans ses griffes, en haut et sur les côtés. Les figures sont difficiles à identifier, car les parties du corps ont été réarrangées. Les griffes de Corbeau se retrouvent sur les côtés, ses ailes au-dessus des griffes et ses yeux, de même que sa grande bouche à dentition humaine, tout en haut. En haut, au centre, un visage humain surmonte la bouche du Corbeau. En bas, de chaque côté, on voit les grands yeux et la grande bouche de la Baleine. Cette cloison, comme d'autres mâts et d'autres écrans de la Grande Galerie, dépeint la dualité de contraires comme, ici, la Baleine et le Corbeau. Corbeau représente aussi la dualité, lui qui peut passer d'homme à femme ou encore d'oiseau à personne.

Le capteur d'âmes

Un gros capteur d'âmes haïda a été placé dans le trou à fumée du toit. Le chaman utilisait un capteur d'âmes pour ramener dans le corps d'une personne son âme, qui s'en était échappé. Les capteurs d'âmes étaient généralement faits d'os vidés de leur moelle et taillés à chaque extrémité de façon à évoquer une gueule ouverte. Celui-ci a la forme d'un Épaulard à deux têtes - une à chaque bout - avec un visage humain au centre du dos. Quand une personne mourait, son âme montait à travers le trou à fumée et gagnait la voie lactée. Le gros capteur d'âmes fixé dans le trou à fumée empêchait les âmes de s'envoler prématurément dans l'univers. Les personnes en santé pouvaient aussi perdre leur âme, ce qui risquait d'entraîner la maladie et la mort. Si l'âme s'échappait, on faisait appel au chaman pour qu'il parte vers d'autres mondes, rattrape l'âme et la ramène. Le chaman disposait de nombreux accessoires pour sa recherche, dont un petit capteur d'âmes semblable à celui du plafond. Si son âme égarée revenait à son corps, la personne recouvrait la santé.

Cloison haïda

La perte de l'âme n'était qu'une des causes de la maladie. On pouvait aussi tomber malade à cause de l'introduction d'un corps étranger dans le corps, ou si quelqu'un vous jetait un mauvais sort. Si la personne qui avait été l'objet d'un sort ne savait pas comment s'en délivrer, elle souffrait et risquait de mourir. De même, la mort s'ensuivait si le chaman ne

Capteur d'âmes de chaman

réussissait pas à retirer le corps étranger du malade ou à capter l'âme égarée de la personne.

La couverture à boutons

Un superbe spécimen de couverture à boutons à motif de Corbeau est exposé sur le mur latéral. Dorothy Grant, une couturière haïda contemporaine, en est l'auteure. Les couvertures à boutons étaient faites, traditionnellement, à partir de couvertures de la Compagnie de la Baie d'Hudson auxquelles on ajoutait des appliques de tissu et des boutons. Des couvertures telles que celle-ci sont encore utilisées comme vêtements de cérémonie à l'occasion de festins et de spectacles de chants et de danses.

Les sculptures en argilite

Dans les années 1820, des artistes haïdas commencèrent à exécuter des sculptures en argilite à des fins commerciales. L'argilite est une argile schisteuse noire unique que l'on trouve à flanc de montagne, près de Skidegate, dans les îles de la Reine-Charlotte. Les sculptures étaient surtout vendues à des marchands de fourrure, à des baleiniers, à des collectionneurs et à des musées. Elles reflètent des thèmes traditionnels et dépeignent des chefs, des chamans, des maisons et des mâts totémiques. On en faisait aussi des plats, des bols, des pipes et des plaques arborant des figures emblématiques. Charles Edenshaw et Charles Gladstone, de célèbres artistes du XIXe siècle, ont travaillé ce matériau. Des artistes contemporains tels que Bill Reid et Robert Davidson poursuivent la tradition et réalisent de ravissantes sculptures en argilite.

Chapitre sept

LA MAISON TSIMSHIANE

Cette élégante maison est de même type que la maison haïda, avec ses planches verticales coulissantes. La maison a été construite dans un style populaire au milieu du XIXᵉ siècle dans les villages tsimshians du continent, en face des îles de la Reine-Charlotte, et dans ceux des vallées de la Nass et de la Skeena, où habitent les Nisga'a et les Gitksans.

La peinture de la façade a été reproduite d'après un dessin original trouvé sur de vieilles planches. Ces planches ont été découvertes dans un cimetière de Port Simpson, près de Prince Rupert. On a dû utiliser la photographie à infrarouge pour en révéler le dessin, car la peinture en avait pratiquement disparu. C'est le personnel du University of British Columbia Museum of Anthropology qui a effectué l'analyse et la reproduction de la peinture. Il a découvert que la peinture provenait de planches de façade coupées et installées à l'intérieur d'une maison. Cette pièce a peut-être servi de cloison entre des compartiments familiaux ou d'écran de danse lors de cérémonies.

Le Loup, aux contours tracés en noir, constitue la figure centrale de la façade. Les lignes qui forment son estomac et ses côtes sont rouges. De nombreuses cultures anciennes utilisaient les peintures rouge et noire. Une interprétation veut que le noir représente la mort, y compris celle de la culture ou d'une idée, et que le rouge signifie la vie et le sacrifice, ou encore la naissance de nouvelles idées. Ensemble, les deux couleurs recèlent une dualité de contraires qui symbolise la continuité dans la vie, la mort et la renaissance. Le contour rouge de l'estomac du Loup est l'entrée principale de la maison. Les entrées sont souvent ménagées à travers la région abdominale des créatures, là où se conçoit la vie.

Le Loup se reconnaît à sa gueule allongée, à sa langue proéminente, à ses grandes canines et à sa longue queue. Ici, le profil du Loup est visible de chaque côté de la figure centrale. C'est un dessin symétrique : l'image de droite est pratiquement identique à celle de gauche, mais inversée. Au-dessus de la tête du Loup, on peut voir un oiseau à visage humain encadré de ses ailes déployées. Les multiples yeux et visages dessinés sur les articulations, le nez, les oreilles et le corps des créatures constituent

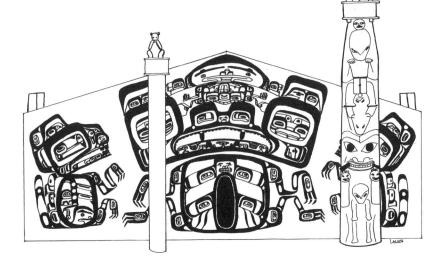

La maison tsimshiane

une autre des caractéristiques de la maison. Le personnel des services éducatifs du Musée la surnomme la Maison-aux-mille-yeux.

LES MÂTS NISGA'A ET GITKSAN

Le mât de Kwahsuh

Il y a trois mâts nisga'a devant la maison tsimshiane. Celui de droite est un mât commémoratif provenant du village d'Angidah, dans la région de la rivière Nass. On y voit deux boîtes funéraires, mais aucune n'a jamais contenu de cendres humaines. La boîte du haut, avec un Ourson grizzli sur le couvercle, célèbre la mémoire d'un chef mort en bas âge. Celle du bas a été mise en place, à l'époque, quand un chef important est mort; on voit le Loup sur le couvercle. Sous la boîte du bas se trouve un visage qui représente un emblème qui s'appelle l'Être double. Le Grizzli vient ensuite, tenant un cuivre entre ses dents, et à ses pieds on reconnaît l'Ourson, la tête en bas. Un autre Grizzli se trouve à la base du mât, un saumon dans la gueule et un Ourson entre les pattes. L'Ourson représente tous les petits du Grizzli. Les visages, sur ses pattes, représentent les Gens-du-trou-à-fumée.

Le mât de l'Écureuil blanc

Le petit mât non décoré provient de Gitlakdamiks, un village situé sur la rivière Nass. Il comporte une boîte funéraire sur laquelle se trouve l'Écureuil blanc. La boîte aurait contenu les cendres d'une personne de haut rang. Le mât commémore une rencontre entre une famille du village de Kitwanga, sur la Skeena, et des Écureuils géants. Les Écureuils faisaient sans cesse la guerre aux gens. Un pêcheur, guerrier de renom, vint à la rescousse de la famille. Il étrangla le chef des Écureuils blancs et mit fin à la guerre. Par conséquent, les familles de Kitwanga

Le mât de Kwahsuh

Le mât de l'Écureuil blanc *Le mât du Repaire de l'Ours*

et de Gitlakdamiks ont adopté l'emblème de l'Écureuil.

Le mât du Repaire de l'Ours

Au centre de ce grand mât foncé, on peut voir l'Ourson qui jette un coup d'œil hors de sa tanière. Au sommet se trouve une créature au long nez pointu, que l'on appelle l'Ombre. C'est une figure emblématique tirée d'un mythe sur un groupe de femmes qui, traversant un lac en radeau, virent des visages d'enfants dans l'eau. Elles composèrent un chant funèbre à la mémoire de ces Ombres, ou Reflets. Ce mythe fait référence aux bienfaits psychologiques que l'on retire du rapport avec son ombre, l'inconscient qui nous habite. Ce rapport nous fait cheminer vers un état de conscience plus élevé et nous amène à connaître une impression de bien-être, d'équilibre. En dessous de l'Ombre, on aperçoit le Loup à la langue sortie, suivi d'un chasseur tenant l'arc qui a tué l'Ours, dans le mythe de la Mère Ourse.

Au début du mythe de la Mère Ourse, une jeune femme maudit les ours parce qu'elle a glissé sur des excréments de cet animal. Deux ours aux formes humaines l'enlèvent pour la punir et l'emmènent à la maison de festin de leur chef, où elle se transforme en ourse. Elle épouse le neveu du chef et engendre des jumeaux mi-humains, mi-ours. Entre-temps, ses frères, qui la cherchaient, la retrouvent - ils la reconnaissent - et tuent l'ours qui est son mari. Sur le point de mourir, le mari enseigne à sa femme deux chants rituels. Elle les chantera à côté de lui et ils lui porteront chance. Les oursons retournent au village avec leur mère. Ils montrent à leurs oncles à trouver le repaire de l'ours dans la montagne et à poser des pièges. Aujourd'hui, les descendants de la Mère Ourse chantent ces chants pour les ours morts qu'ils ont tués, et ils ont adopté Grizzli-pris-au-piège comme emblème familial. À l'instar de beaucoup d'autres mythes, celui-ci relate des rencontres entre des êtres surnaturels et des humains. Les humains qui se battent avec ces êtres et en réchappent gagnent de ce pouvoir personnel qui assure la réussite de leurs entreprises.

Sous le chasseur, on peut voir l'Ours personnifié, un grand Grizzli dont on aperçoit les côtes sur un côté. Vient ensuite un visage humain, suivi de deux êtres humains bras dessus, bras dessous, qui représentent peut-être les Oursons jumeaux de la Mère Ourse. À la base se trouve un autre humain qui semble assis sur des visages. Ce mât provient de Gwunahaw, un village sur la rivière Nass.

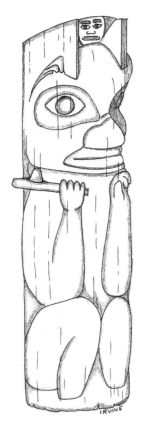

Le mât de Nekt

Le mât de Nekt

Dans le couloir, près de l'entrée latérale de la maison tsimshiane, est exposé un petit ours qui formait jadis la base d'un grand mât. Il représente Nekt, un guerrier vêtu d'une armure de Grizzli. Dans sa main droite, d'apparence humaine, il tient une massue de guerre magique appelée Ne-frappe-qu'une-fois (une réplique de cette massue sera installée à une date ultérieure). Le visage de la Grenouille, dont les pattes sont sculptées dans les oreilles de Nekt, apparaît au-dessus de sa tête. Ce mât provient de Kitwancool, un village gitksan.

À l'intérieur de la maison tsimshiane

L'exposition de cette maison a été préparée par les Tsimshians de la Côte, les Nisga'a (vallée de la Nass) et les Gitksans (vallée de la Skeena). La maison est aménagée comme si on allait y donner un potlatch. Le siège de l'hôte, un chef tsimshian de la Côte, se trouve au fond de la maison, au centre. Un plat de festin, des boîtes en cèdre, des cuillers en bois et en os, des bols en pierre, des hochets, des masques et d'autres insignes de chef l'entourent. Les invités s'asseyaient le long des deux côtés de la maison, les Nisga'a à la droite du chef et les Gitksans à sa gauche.

Chapitre huit

Le mât de l'Arc-en-ciel

LES MÂTS LE LONG DES FENÊTRES

Les nombreux mâts que l'on peut admirer le long des fenêtres de la Grande Galerie proviennent de divers endroits de la côte ouest - le continent, l'île de Vancouver et les îles de la Reine-Charlotte.

Le mât de l'Arc-en-ciel

Ce mât provient d'un village nisga'a du canyon de la rivière Nass. Au sommet, on voit une figure humaine tenant un arc-en-ciel incrusté de nacre d'haliotide. Entre ses jambes, un visage à l'envers regarde vers le haut. Suit l'Épaulard et son aileron proéminent, puis un être unijambiste, puis le Soleil entouré d'un cercle de visages, puis une figure humaine et, à la base, Grizzli-de-la-mer, avec des visages sur les pattes et des corps d'apparence humaine dans les oreilles. Lorsque le Musée a reçu ce mât, il était extrêmement fragile. Les restaurateurs ont travaillé pendant de nombreux mois pour le nettoyer et lui rendre son aspect d'origine. Ils ont dû remplacer par du bois neuf les parties attaquées par la pourriture sèche.

Le mât de la maison de l'Éclair

Le mât de la maison de l'Éclair

Voilà un très beau spécimen de mât d'entrée haïda. Il appartenait au chef Ganai du village de Haina, qu'on appelle maintenant New Gold Harbour. Il se dressait, autrefois, à côté du mât de la Maison-attendant-la-prospérité qui, lui, se trouve maintenant contre la maison haïda. Au sommet se trouve Corbeau et, juste en dessous, Tcamaos, le monstre aquatique mythique tsimshian qui porte des anneaux de potlatch. Tel un arbre pris dans un cours d'eau, la partie ronde de son corps flotte au-dessus de l'eau, alors que le reste de son corps et sa tête sont immergés. Il s'agit incontestablement, encore une fois, de l'Écueil surnaturel que l'on voit sur le mât de Fox-Warren, devant la maison haïda. Vient ensuite Corbeau et son long bec crochu dirigé vers le bas suivi de Grizzli-de-la-mer, une figure humaine accroupie entre les pattes. À la base, on reconnaît l'Oiseau-Tonnerre, avec des oiseaux d'apparence humaine sur les ailes. Cette ouverture, pratiquée dans l'abdomen de l'oiseau, aurait été la seule porte d'entrée de la maison. On n'a trouvé aucune trace de porte latérale comme il s'en trouvait généralement dans les maisons haïdas.

Debout-sur-la-plage

Cette grande figure humaine se dressait autrefois contre la poutre centrale d'une maison nuu-chah-nulth de l'île de Vancouver. Elle représente le Créateur et évoque l'époque lointaine de l'apparition des humains. Le Créateur tient dans ses mains un objet oblong en bois (cet objet sera replacé à une date ultérieure). La figure faisait face au mur arrière de la maison, de sorte que les invités d'honneur du chef hôte d'un potlatch pouvaient la voir. Au cours d'un potlatch, on faisait rouler l'objet oblong au milieu du public, et quiconque l'attrapait gagnait un prix.

Les poteaux de maison de Cape Mudge

Ces deux poteaux de maison proviennent de Cape Mudge, dans l'île Quadra. Les mêmes figures y sont représentées : Corbeau, en haut, et le Castor, en bas. (Dans les deux cas, les ailes originales de Corbeau ont dû être remplacées.) Les ailes des deux oiseaux sont différentes, tout comme les visages peints sur leur

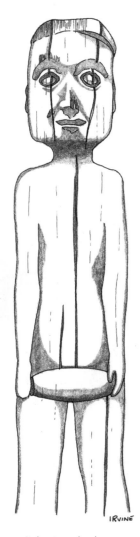

Debout-sur-la-plage

Poteaux de maison de Cape Mudge

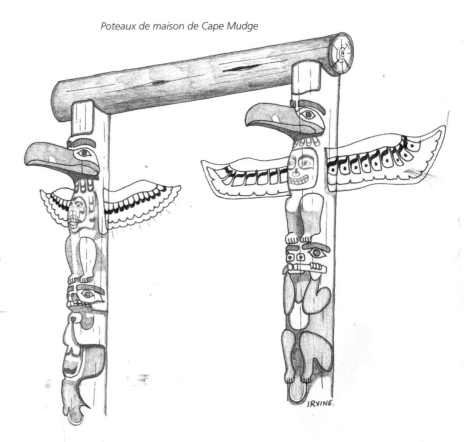

poitrine. Le Castor de droite est facilement reconnaissable à ses dents de devant saillantes, au bâton caractéristique qu'il tient à la gueule et à sa queue, à la base. Le Castor de gauche a, lui, perdu ses dents, son bâton et sa queue.

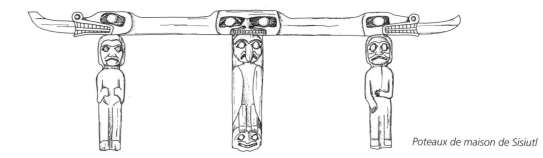

Poteaux de maison de Sisiutl

Les poteaux de maison de Nahwitti

Ces deux poteaux de maison proviennent d'un village kwakwaka'wakw de l'île de Vancouver. Celui de gauche représente Tsonoqua, la femme sauvage de la forêt, celle-là même que représente le grand plat de festin. Des lèvres arrondies en une sorte de moue constituent l'une des caractéristiques de Tsonoqua. Elle semble être assise sur une tête humaine flanquée de bras levés. Le poteau de droite représente un homme debout aux jambes arquées, les mains sur les organes génitaux, une bande torsadée évoquant une corde autour de la tête. Le poteau était fixé à la façade d'une maison où l'on entrait à travers les jambes arquées de l'homme.

Les poteaux de maison de Sisiutl

Trois figures debout supportent une poutre massive dont chaque extrémité représente Sisiutl, un serpent de mer bicéphale mythique. Un oiseau figure sur le poteau du centre et des humains ornent les poteaux de part et d'autre

de l'oiseau. Il se trouve un visage humain sur la poutre, au-dessus de l'oiseau, et un sous ses pieds. Ces poteaux ont été érigés dans le village kwakwaka'wakw de Dzawadi, dans les années 1880. Ce village se trouvait le long du bras Knight, sur le continent, et les gens s'y réunissaient pour pêcher l'eulakane. Cette structure devait être intégrée à une maison, mais le propriétaire est mort et la maison n'a jamais été construite. Les poteaux ont servi, plutôt, de monument funéraire.

D'après la légende, Sisiutl sème la terreur chez les humains. C'est un chercheur d'âmes qui voit devant et derrière lui. Il est continuellement en quête de vérité, de gens qui ne savent pas encore la vérité et qui ne peuvent maîtriser leur peur. Si les gens ne contrôlent pas la peur, ils risquent d'être tués ou changés en pierre.

Le mythe de Sisiutl enseigne l'importance de regarder la peur en face. Si vous la fuyez, votre âme errera sans but. Mais si vous tenez bon, Sisiutl attachera son premier visage au vôtre et, lorsqu'il tournera son second visage vers le vôtre pour s'y fixer, il verra son double et la vérité jaillira. Il en va de même avec les humains : quand on scrute l'autre moitié de soi, son côté ombre, la vérité point et la peur s'évanouit. Comme le mythe de Tsonoqua, celui-ci enseigne comment obtenir un pouvoir

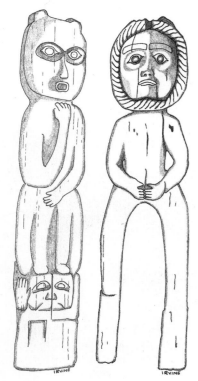

Poteaux de maison de Nahwitti

personnel lors de rencontres avec des êtres terrifiants. Un autre Sisiutl est exposé à l'intérieur de la maison des groupes du centre de la côte.

Plusieurs mythes portent sur Sisiutl. Il pouvait se métamorphoser en de nombreuses choses, notamment en une pirogue qui mangeait des phoques pour assouvir sa faim. Cet être terrifiant était particulièrement associé à la guerre. Comme son corps pouvait se manœuvrer comme une pirogue et sa chair résister à l'assaut des lances, il faisait un parfait auxiliaire de guerrier. D'un seul regard, il pouvait provoquer une mort instantanée, et les ennemis qui le regardaient se changeaient en pierre. Lors de cérémonies, des planches peintes d'images de Sisiutl apparaissaient de derrière un écran chaque fois que le mot «sang» était prononcé. Elles apparaissaient aussi quand des femmes, ayant acquis un pouvoir de l'Esprit du Guerrier, leur ordonnaient de s'élever du plancher.

Le poteau de Tanu

C'est un poteau d'intérieur de maison du village haïda de Tanu. Au sommet, on voit une tête aux dents pointues entre les oreilles de Grizzli-de-la-mer. Ces deux personnages représentent un monstre féminin mythique tsimshian, mi-Grizzli, mi-Épaulard, qui vit en eaux profondes et qui a tué nombre de personnes. En dessous, on remarque les parties du corps d'un Épaulard, qui se trouve être le père de Grizzli-de-la-mer. À la base, on voit le Grizzli dans une posture semblable à

celle de la figure du haut, pattes levées et langue sortie. On peut voir une tête d'ours entre ses pattes de derrière, mais il est difficile de la reconnaître, car la gueule et le museau sont endommagés. On a placé sur le poteau, pour le protéger, un bâton sculpté en spirale ayant la forme d'une défense de narval. Au cours d'une fête, le chef utilisait ce genre de «bâton d'orateur» pour frapper le sol, accentuer ses propos ou signaler son intention de présenter des cadeaux aux invités.

Le mât du Saumon kéta

Ce mât provient d'un village gitksan de la vallée de la Skeena. Au sommet, le chef Tewalas, qui tient une pagaie, se trouve sur la queue du Saumon kéta. Le mât a été érigé en son honneur. Sous le Saumon kéta se trouve l'Être double, qui tient la nageoire d'un second Saumon kéta à deux nageoires dorsales. À la base, on peut voir une autre représentation de l'Être double dans la bouche du Saumon kéta. Sa tête est séparée en deux et ses jambes sont étirées vers le haut, comme si le Saumon était en train de l'avaler. L'emblème de l'être double, qui est parfois appelée Personne à deux têtes ou Jumeaux, représente le processus de transformation entre différents états d'être.

Ce mât illustre le mythe du chef ancestral Tewalas, tiré hors de son embarcation par le saumon kéta qu'il venait de harponner. Il fut emmené au village du saumon kéta, dans les eaux de la rivière Skeena, où il passa deux ans avant de revenir dans son propre village.

Le poteau de Tanu

Planche de pouvoir à Sisiutl

Comme il connaissait les habitudes du saumon kéta, il pouvait en attraper quand il le voulait. L'éminent pêcheur devint riche et puissant. C'était aussi un guerrier de renom. Il tua le belliqueux chef des Écureuils blancs et rendit la paix à son peuple. Il mourut en se battant contre des guerriers de Kitselas qui le coupèrent en deux. Le Saumon kéta devint son emblème familial, comme en témoigne ce mât. Ces deux mythes sur le chef Tewalas - le mythe du Saumon kéta et celui de l'Écureuil blanc - font allusion à deux personnes différentes détenant le même titre.

Le mât de Howkan

Ce mât a été trouvé dans le village haïda-kaigani de Howkan, en Alaska. Il y a environ 200 ans, plusieurs communautés haïdas quittèrent les îles de la Reine-Charlotte pour le sud de l'Alaska. Le mât raconte l'histoire du Déluge. Au sommet, on voit Corbeau blanc, tel qu'il était avant de s'envoler par le trou à fumée et de dérober la lumière au chef du Ciel. En dessous se trouve une série de *skils* (anneaux de potlatch) avec deux figures humaines de chaque côté. Les anneaux de potlatch se trouvent sur la tête de Qingi, le père surnaturel de Corbeau blanc, qui était en train d'ériger un mât totémique lorsque survint le Déluge. Comme les eaux montaient, ses invités et ses parents se réfugièrent sur le mât pour éviter la noyade. Corbeau blanc se posa sur le sommet du mât, le faisant grandir et se transformer en un arbre gigantesque où trouvèrent refuge les survivants de l'inondation. Sous la langue étirée de Qingi, on peut voir le

Chabot et, à la base du mât, Qingi qui tient un humain à l'envers entre ses griffes, semblables à des pattes d'ours. Lord Bossom a recueilli ce mât au début de l'année 1900. Il l'a fait acheminer en Angleterre, via le cap Horn, attaché sur le pont d'un navire. Le mât est revenu au Canada en 1969.

Le mât de la maison de l'Éboulement

Ce mât provient du village haïda de Cumshewa. De haut en bas, les figures sont les suivantes : trois Guetteurs coiffés d'anneaux de potlatch, le Cormoran au long bec, l'Épaulard avec sa nageoire dorsale protubérante, une femme accrochée à sa queue et, enfin, à la base, Grizzli. (Le mât est actuellement en cours de restauration et sera installé à une date ultérieure.)

Le mât du Saumon kéta

Le mât de Howkan   *Le mât de la maison de l'Éboulement*

Chapitre neuf

LES ŒUVRES D'ART COMMANDÉES

L'esprit de Haïda Gwaii

L'imposante sculpture de Bill Reid intitulée *L'esprit de Haïda Gwaii* se trouve du côté de la Grande Galerie qui donne sur la rivière. Cette sculpture blanche est le prototype original en plâtre du moule qui a servi à couler le bronze intitulé *Pirogue noire*. Le bronze se réfléchit dans un miroir d'eau, à l'ambassade du Canada à Washington (D.C.). L'exécution de cette sculpture, la plus monumentale et la plus complexe de Bill Reid, a duré cinq ans. La pirogue déborde de créatures de toutes sortes, humaines et mythiques, qui se mordent et s'entremêlent tout en pagayant sans relâche. Bill Reid, qui

L'esprit de Haïda Gwaii

Photo : Harry Foster (MCC S94-13, 715)

a utilisé ces personnages sa carrière durant, s'est dit qu'ils méritaient bien un jour de congé pour aller faire une promenade en bateau. Ces êtres débordants de vie font un voyage, mais savent-ils où ils vont, et sauront-ils conjuguer leurs efforts assez longtemps pour se rendre à destination?

Bill Reid commente, au sujet d'une éventuelle destination de son embarcation :

> Il y a décidément beaucoup d'activité à bord de notre petit bateau, mais pourquoi? La grande figure, qui pourrait être - ou pas - l'Esprit de Haïda Gwaii, nous guiderait-elle - puisque nous sommes tous dans le même bateau - jusqu'à une plage abritée au-delà du bord du monde? ce qu'elle semble bien faire, ou est-elle plutôt perdue dans un de ses propres rêves? Le bateau poursuit sa course, à jamais ancré au même endroit.

Le Grizzli est assis à la proue en face de l'Ourse, dont la lèvre est ornée d'un labret. Entre eux se trouvent deux de leurs rejetons, Bon Ourson et Méchant Ourson, deux créatures inspirées d'un poème pour enfants de A. A. Milne. Juste derrière elle, on reconnaît le Castor avec ses grandes dents et sa queue écailleuse. Dans la mythologie haïda, le Castor est l'un des oncles de Corbeau. Il habitait les abîmes de l'océan et tenait en réserve tous les poissons et toute l'eau douce du monde. Après le Castor vient l'impression-nante Femme Chien de mer avec un grand bec crochu en guise de nez, des fentes branchiales sur les joues et une tête pointue. Son labret indique qu'elle provient d'une famille noble. Sous l'aile de Corbeau est tapie la Vieille Femme Souris, guide traditionnelle de ceux qui passent du monde humain aux mondes non humains, dans la mythologie haïda.

À la poupe se tient Corbeau, le timonier. Il semble déterminé à conduire l'embarcation dans une certaine direction, mais il pourrait en modifier la course au gré de sa fantaisie. Sous son aile se tient une figure humaine qui porte un chapeau en racine d'épinette et une cape en écorce de cèdre. Il s'agit du rameur rebelle, ou Vieux-conscrit-récalcitrant. Il représente tous les gens ordinaires qui construisent et reconstruisent, obéissant aux ordres et accomplissant, stoïquement, les tâches qu'on leur confie. Puis vient le Loup, dont les griffes des pattes postérieures sont plantées dans le dos du Castor et les dents dans l'aile de l'Aigle. La Grenouille se trouve en dessous de l'Aigle, avec ses yeux globuleux et sa grande langue visqueuse. L'imposante figure centrale, un chaman, domine toute la scène. Il s'agit de Kilstlaai, un chef haïda. Il porte une couverture chilkat en laine décorée d'emblèmes et un chapeau en écorce de cèdre tissée. Il tient un bâton d'orateur, symbole d'autorité; l'Épaulard coiffe le bâton, et Grizzli-de-la-mer de même que Corbeau sont sculptés sur la hampe.

Les deux personnages centraux de *L'esprit de Haida Gwaii* sont le Corbeau et l'Aigle. Ils constituent les deux principaux lignages des Haïdas, sont d'égale importance et représentent les deux moitiés d'un tout. La sculpture contient des êtres mythiques mâles et femelles, des animaux, ainsi qu'un chef et un travailleur qui symbolisent non pas une seule culture, mais bien l'ensemble des êtres vivants.

L'esprit de Haida Gwaii
PHOTO : Harry Foster
(MCC S92-9149)

Deux autres sculptures monumentales de Bill Reid sont exposées au Musée. On peut admirer l'impressionnant Épaulard blanc, *Chef du monde sous-marin*, dans le salon David M.-Stewart, et le bronze *Messagers mythiques* sur le mur extérieur, du côté de la terrasse sur laquelle donne la Grande Galerie.

Le masque de la métamorphose

Au mur, de l'autre côté de *L'esprit de Haida Gwaii*, est accroché un grand masque de la métamorphose exécuté par un artiste kwakwa̱ka'wakw, Beau Dick, pour l'Expo 86 de Vancouver. Ce masque est exposé en position ouverte, révélant le visage du premier être humain encadré par les deux moitiés d'un oiseau. Sur les panneaux intérieurs, au-dessus du visage, sont peints deux Loups surnaturels. Lorsque le masque est fermé, il représente Corbeau, facilement identifiable à la forme des oreilles et à la longueur de son bec recourbé. Les masques de la métamorphose constituent une représentation matérielle du concept de passage d'un état à un autre. Des danseurs costumés qui imitent les battements des ailes et les autres mouvements de l'oiseau les portent. Ils ouvrent et referment le bec en tirant sur des cordes fixées sur les côtés du masque. Quand le masque de la métamorphose est trop volumineux, une autre personne, qui se tient derrière le danseur, doit le manipuler. À cause de ses énormes dimensions, ce masque-ci ne peut être porté; il a été conçu comme une sculpture, pour être accroché au mur.

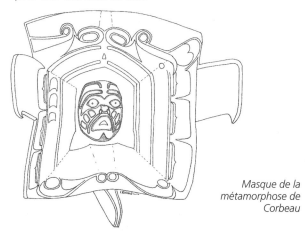

Masque de la métamorphose de Corbeau

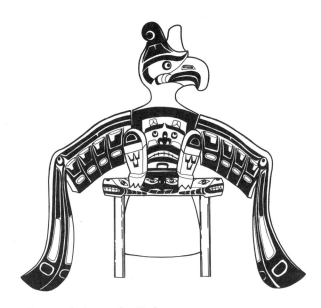

Kolus, un parent de l'Oiseau-Tonnerre

La sculpture de Kolus

Sur le terrain du Musée, du côté de la Grande Galerie qui donne sur la rivière, se dresse la sculpture d'un énorme oiseau mythique aux oreilles dressées en spirale, œuvre de l'artiste kwakwa̲ka̲'wakw Simon Dick. Cette énorme sculpture est celle de Kolus, un parent de l'Oiseau-Tonnerre, fondateur de la nation de l'artiste. Perché sur une poutre à l'effigie de Sisiutl, Kolus mesure au moins 9 m de haut sur 18 m de large. Selon la légende, Kolus était recouvert d'un duvet d'une éblouissante blancheur qui le tenait extrêmement chaud. Lorsqu'il l'enlevait, il révélait sa poitrine humaine. Kolus était un être d'une très grande force qui pouvait hisser et placer, seul, des poutres de maison, travail trop dur pour un simple humain. Kolus a d'abord été exposé à l'Expo 86 de Vancouver avant de trouver sa place définitive au Musée.

La pirogue haïda

Dans le couloir, sous le masque de la métamorphose, on peut voir une très belle pirogue haïda. Cette embarcation provient du tronc d'un énorme cèdre rouge soigneusement évidé, passé à la vapeur, façonné, sculpté et peint. Elle est élégante, facile à manœuvrer et tient bien la mer. Les pirogues constituaient le principal moyen de transport des personnes et des marchandises, le long de la côte. Leur forme et leurs dimensions variaient d'une région à l'autre, uniques et distinctives.

Cette pirogue de 16,5 m pouvait transporter cinq tonnes de chargement et nécessitait un équipage de dix pagayeurs et d'un timonier. Elle était équipée de trois mâts et de voiles qui faisaient augmenter sa vitesse, lorsque le vent soufflait. L'avant de l'embarcation, qui se distingue par une proue allongée à courbure concave, fait face aux fenêtres. Les peintures qui l'ornent sont l'œuvre de Charles Edenshaw, artiste haïda renommé au style classique (1839-1924). Deux Loups de mer mythiques appelés Wasgo sont peints à l'avant. Wasgo, moitié Loup et moitié Épaulard, chasse les baleines noires au cours de la nuit et les ramène chez lui sur son dos, derrière ses oreilles et dans la courbe de sa queue. Le petit dessin de Wasgo est suivi d'une représentation plus grande de sa tête et des griffes de ses pattes antérieures. La partie antérieure de son corps se situe à la proue, tandis que les griffes de ses pattes postérieures et sa queue enroulée se trouvent à la poupe.

Alfred et Robert Davidson ont construit cette pirogue près de Masset, en 1908, pour l'exposition de Seattle. Alors qu'elle était remorquée par un vapeur de Masset jusqu'à Prince Rupert, à travers le détroit de Hecate, une tempête se leva et le câble de touage se rompit. Le Haïda et son épouse, qui étaient à bord, hissèrent les voiles et la pirogue fendit les vagues à vive allure. Lorsque le remorqueur arriva à Prince Rupert, le capitaine eut la surprise de voir la pirogue déjà amarrée au quai. Elle avait réussi à prendre le vapeur de vitesse. Cela mettait en relief, de manière éclatante, cette remarquable conception qui lui permettait de naviguer à toute vitesse en haute mer. À cause de problèmes financiers, on n'a jamais pu envoyer la pirogue à l'exposition de Seattle. Heureusement, le Musée l'a achetée en 1910. Elle a été exposée au pavillon du Canada d'Expo 86, à Vancouver.

La pirogue haïda

L'Oiseau-Tonnerre

Sur le mur, derrière la pirogue, on peut admirer un impressionnant dessin de l'Oiseau-Tonnerre, peint sur de larges planches de cèdre rouge qui rappellent une façade de maison traditionnelle. Trois artistes contemporains ont réalisé cette œuvre. Il s'agit de Glenn et de Maru Tallio, de Bella Coola, et de Ben Houstie, de Bella Bella. Elle s'inspire d'une photo, prise en 1879, d'une peinture de façade de Bella Coola. Elle a été commandée pour le pavillon du Canada d'Expo 92, à Séville, en Espagne.

Chapitre dix

DU FOND DES ÂGES

Cette exposition est constituée de deux parties : une fouille archéologique ainsi que la présentation thématique d'objets, d'œuvres d'art rupestre et de documents audiovisuels.

La fouille

Cette reconstitution d'un site archéologique raconte plus de 5000 ans de présence des Tsimshians de la Côte dans les environs de Prince Rupert, dans le nord de la Colombie-Britannique. Cette région est l'une de celles qui sont occupées depuis le plus longtemps, de façon continue, en Amérique. Il existe environ 200 sites dans la zone du havre de Prince Rupert, et au moins 50 d'entre eux ont

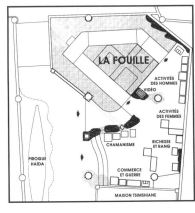

Plan de l'exposition **Du fond des âges**

été étudiés par des équipes d'archéologues et de spécialistes qui y ont identifié des restes humains, végétaux et animaux. En tamisant la terre, on peut en apprendre beaucoup sur l'activité humaine au fil des siècles ainsi que sur les changements qu'ont subi le climat, le niveau de la mer de même que la vie végétale et animale. Cette exposition est une reconstitution composite de plusieurs sites ayant été fouillés entre 1966 et 1978 par George F. MacDonald, notamment le site Boardwalk, un important village d'hiver des Tsimshians de la Côte. Ce village a été abandonné au début du xixe siècle.

En bordure de l'excavation se dressent trois reproductions de poteaux de maison qui représentent des humains tenant une pagaie sous leur menton. Les poteaux d'origine soutenaient jadis les poutres massives de la maison du chef dont le fils avait été emmené dans le village sous-marin des Saumons. Ces poteaux sont appelés «Être complet». Cet emblème vient d'un mythe : des guerriers traversaient un lac lorsqu'ils rencontrèrent un obstacle, un Écueil surnaturel. Ils réussirent à le sortir de l'eau et découvrirent une figure humaine complète sculptée à la base. Ce mythe a la même signification que celui de l'Ombre sur le mât du Repaire de l'Ours. Celui-ci raconte que des femmes virent des visages se refléter dans le lac et les adoptèrent comme emblème. Tout

La fouille *avec, en arrière-plan, le mât du Saumon kéta*
Photo : Harry Foster (MCC S94-13, 739)

comme l'Ombre, l'Être complet symbolise l'union du conscient et de l'inconscient, qui assure sagesse et plénitude aux êtres humains.

Le sol, les coquillages, le bois, les ossements et les pierres qui ont servi à reconstituer l'exposition proviennent tous de la côte ouest. La dense forêt de cèdres aux branches moussues qui entoure la fouille recrée l'atmosphère de cathédrale de la forêt humide de la côte ouest. Lorsqu'un village était abandonné, il ne fallait guère de temps pour que la forêt et la mousse l'envahissent. Avant de commencer les fouilles, on a effectué des levés et divisé le terrain en carrés de 3 m. Dans la présente exposition, le visiteur peut voir des carrés qu'on est en train de fouiller. On les a creusés à différentes profondeurs, à travers plusieurs couches de coquillages et de terre. En creusant la terre, les archéologues «remontent», littéralement, le cours du temps. Les outils de l'archéologue - brouettes, pelles, truelles, carnets de notes, mètres à ruban et cribles - sont disséminés sur le site, comme les aurait laissés une équipe d'archéologues partie se reposer.

Les couches horizontales de coquillages et de terre, semées ici et là de roches, sont nettement visibles sur les parois de l'excavation. Des coquillages, restes d'innombrables repas d'hiver composés de palourdes, d'huîtres, de moules, de pétoncles et d'haliotide, ont été jetés dans des dépotoirs que les archéologues appellent «amas de coquilles». Comme ces coquillages dégagent du carbonate de calcium au cours de la saison des pluies, le sol, normalement acide, se neutralise. Cela crée d'excellentes conditions pour la préservation des objets en os et en andouiller qui, autrement, se décomposeraient assez rapidement. La terre noire, riche en humus, provient des planchers de maisons décomposés, et les grosses pierres qui affleurent sont peut-être des éléments d'une

Poteaux de maison d'Être complet

Femme ramassant des coquillages

cache à aliments, d'une suerie, d'un foyer ou d'un lieu d'inhumation. Le relevé stratigraphique - superposition des couches - de ces murs nous renseigne sur l'utilisation du site au cours du temps. Il nous donne aussi des indices sur l'âge approximatif des artefacts et des autres éléments trouvés au fur et à mesure que l'on creuse.

À la base de la rampe, un ruisselet coule à travers le site. Le sol est saturé d'eau à cause d'un drainage déficient. Ce genre de sol est dépourvu des bactéries qui décomposent les matières organiques. Par conséquent, les sites saturés d'eau constituent des mines potentielles où trouver des artefacts fragiles en bois ou en fibres végétales qui n'auraient pas résisté, autrement, aux assauts du temps. Des chevilles de bois, des manches, des bâtons à fouir et des vestiges de paniers et de vêtements en écorce tissée ont été exhumés ici. Les pelles et les truelles ne sont d'aucune utilité pour fouiller dans un sol boueux, car elles pourraient endommager les objets avant même qu'on les ait repérés. On se sert de pompes pour assécher le site et de boyaux d'arrosage pour dégager de leur gaine de terre les objets et les matières organiques qui contribuent à l'analyse du site.

On aperçoit un foyer à côté du ruisselet, à la base de la rampe. Ce foyer est formé de pierres plates disposées verticalement. Des pierres rondes plus petites se trouvent au centre de ces grandes pierres plates. Les archéologues parlent de «structure». Il peut s'agir de vestiges d'habitation, de sépultures, de caches ou d'aires de préparation et de transformation des aliments. Dans un foyer de ce genre, un feu vif chauffait les petites pierres. Lorsqu'elles étaient chaudes, on se servait d'un instrument formé de deux bâtons, attachés à une de leurs extrémités, pour les mettre dans une boîte remplie d'eau. Lorsque l'eau bouillait, on pouvait y cuire les aliments. La méthode de datation au carbone 14, utilisée pour analyser le charbon de bois qui se trouve dans le foyer, permet de déterminer approximative-ment l'époque où les gens l'auraient utilisé. Ce renseigne-ment permet donc de dater d'autres objets et structures trouvés au même niveau dans la couche de terre.

Femme chauffant des pierres pour faire bouillir de l'eau

Près du foyer, on a regroupé des ossements d'animaux trouvés au cours des fouilles. L'analyse de ces ossements nous permet de connaître le genre d'animaux qui habitaient les environs au cours d'une période donnée. De l'autre côté du passage, en face de cette installation, un mât gît sur le sol. Il représente l'homme que le Saumon kéta a emporté dans son village, sous la Skeena. Il s'agit d'une reproduction d'une partie du mât original du Saumon kéta qui se trouve à l'extrémité de la Grande Galerie donnant sur la rivière.

Dans l'excavation en face de la réplique du mât du Saumon kéta se trouve une sépulture de chien qui rappelle la conception tsimshiane de l'âme. Lorsqu'un chef mourait, son âme errait dans les cieux avant de revenir au village et de se réincarner dans un nouvel être vivant, un chien particulier. Par conséquent, lorsque ce chien mourait, on lui donnait le même type de sépulture qu'aux humains.

Dans le carré suivant, on peut admirer deux superbes bols sculptés dans la pierre et ornés d'un motif de Grenouille. Ces bols ont peut-être servi de récipient pour l'huile, de contenant pour l'eau lors des bains de vapeur, ou pour la préparation des œufs de saumon fermentés, un mets recherché. De dos aux bols, un poteau de maison, qui date du début du XVIIIe siècle, est enfoui dans la paroi de l'excavation. Il doit sa conservation au fait qu'il se trouvait dans une partie saturée d'eau du village. Le dernier carré contient un crible servant à tamiser la terre en vue de recueillir des fragments d'artefacts et d'autres matières précieuses pour l'analyse du site. En haut de la rampe, une vidéo montre la véritable fouille - en terrain sec et en terrain saturé d'eau -, qui s'est effectuée il y a vingt ans, et l'aspect actuel de ces lieux, désormais envahis par la forêt ou la ville.

Le chef Tewalas tenant une pagaie, au sommet du mât du Saumon kéta

Les pétroglyphes

Sur les surfaces rocheuses, au centre de l'exposition et sur le mur du fond, on aperçoit des images très anciennes, gravées dans la pierre, appelées «pétroglyphes». On a reproduit ces pétroglyphes à l'aide de moulages pris sur plusieurs plages le long de la Skeena et dans la région de Prince Rupert. Des générations d'Autochtones ont utilisé ce type de dessins pour consigner leur histoire, prédire des événements et transmettre leur savoir aux jeunes. Et les aînés utilisent toujours les pétroglyphes pour enseigner les mystères de l'univers et trouver des solutions aux problèmes de la vie.

Sur le grand pétroglyphe qui se trouve au centre de l'exposition, un personnage est gravé. On le croit lié à l'histoire de Wegets le Corbeau, tombé du Monde céleste. Wegets et son cousin étaient les fils de deux frères qui avaient épousé deux Esprits sœurs. Ils furent chassés de la terre et se rendirent dans le Monde céleste. Ils décidèrent de revenir sur terre, mais le cousin sauta dans un tas de varech et disparut. Voyant cela, Wegets essaya d'atterrir sur une plage. Il s'écrasa dans la pierre et s'y incrusta solidement. Il convainquit un pic d'utiliser son bec pointu pour le sortir de là. Wegets voyagea ensuite un peu partout sur la Skeena, répandit l'art et la culture des Tsimshians et fonda une lignée de chefs de village. Une autre interprétation de ce pétroglyphe veut qu'il représente Corbeau tombant à travers le trou du ciel alors qu'il tentait d'échapper au chef du Ciel.

Sur le sol près de Wegets et sur le mur du fond, on peut voir un ensemble élaboré d'images avec de nombreux

Pétroglyphes représentant un chaman et deux Ours

visages ainsi que des figures animales et humaines. On croit que la figure aux grands yeux et aux bras étendus, en bas à droite, est un chaman, et que les deux figures à la langue tirée, près de lui, à gauche, sont des Ours surnaturels, des auxiliaires spirituels du chaman. À l'extrême gauche du pétroglyphe, on aperçoit un visage dont l'œil, à droite, semble pendre de l'orbite. Il s'agit du chef des Mers, dont les yeux pouvaient sortir de leurs orbites, au bout de longs pédoncules. Cela lui permettait de voir dans l'avenir et de connaître les allées et venues de ses enfants saumons, lesquels habitaient un village sous-marin à l'embouchure de la Skeena. Chaque printemps, les enfants saumons quittaient le village de leur père et remontaient le courant jusqu'au village de leur mère, où ils se reproduisaient et, finalement, mouraient.

Au-dessus du chef des Mers et sur d'autres pétroglyphes exposés ici, on trouve de nombreux visages aux yeux grands ouverts. Il s'agit peut-être des yeux de la conscience, qui nous permettent de voir la vraie nature des choses, au-delà de ce que l'on voit normalement, lorsqu'on atteint un niveau supérieur de conscience.

À l'arrière de la vidéo, la série de pétroglyphes comprend entre autres deux images de Corbeau. Dans la partie centrale inférieure, on reconnaît le profil familier de Corbeau avec son long bec. Il est surmonté d'un autre Corbeau, une traînée de traits sous les pattes. Cette image représente le mythe de Corbeau apportant l'eau au monde. Il raconte que la Vieille Femme Corneille s'accaparait des réserves

Wegets le Corbeau

d'eau et que, par conséquent, les humains mouraient de soif. Corbeau se joua d'elle astucieusement. Il parvint à la mettre dans l'embarras et, lorsqu'il la sut troublée, il s'empara de la boîte contenant l'eau. Il s'envola et répandit l'eau sur la terre, créant ainsi les lacs et les rivières.

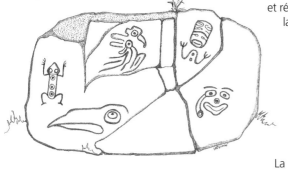

Pétroglyphes représentant Corbeau et le chef des Mers

Sur le mur du fond, parmi les vitrines, des images vidéo sont projetées sur une grande pierre blanche. Cette pierre est la réplique d'un morceau de quartzite comme on en voit dans la région de la Skeena, près d'un site où se trouvent de nombreux pétroglyphes. La pierre blanche symbolise Corbeau, qui était blanc avant de dérober la lumière au chef du Ciel. Il devint noir en s'échappant par le trou à fumée, la lumière dans le bec. Il allait jeter cette lumière sur la terre et créer, ainsi, le jour.

Les masques de pierre

À l'entrée de l'exposition, on peut admirer deux magnifiques masques de pierre. Le masque aux yeux fermés est un original. Celui aux yeux ouverts est la réplique d'un masque appartenant au Musée de l'Homme à Paris. Ils ont été tous deux recueillis par un missionnaire pour un musée de Metlakatla, près de Prince Rupert, mais ils ont été vendus séparément à la fin du XIXe siècle. En 1975, la paire a été rassemblée pour une exposition intitulée **Images: Stone: B.C.** Le masque aux yeux ouverts s'imbriquait parfaitement dans celui aux yeux fermés, ce qui prouvait qu'ils étaient faits pour aller ensemble. Ils étaient probablement portés par un seul danseur, comme les masques de la métamorphose - qui s'ouvrent et se ferment pour révéler deux états de l'être. Des trous sont

percés dans le haut, le bas et les oreilles du masque aux yeux ouverts. Cela laisse supposer qu'une armature en bois supportait le masque sur le visage du danseur. Le masque aux yeux fermés était pourvu, à l'arrière, d'un support en bois fixé par deux vis dans des trous situés en haut du masque. Ce masque se mettait peut-être sur un bâton, de sorte qu'on pouvait le manipuler prestement et révéler l'un ou l'autre des visages. Les deux masques portent des traces de pigment vert sur le visage et de pigment rouge sur la bouche, le menton et les oreilles.

Les masques constituent un paradoxe, l'incarnation de contraires qui pourraient représenter la vie et la mort, la lumière et les ténèbres ou le jour et la nuit. Le masque aux yeux ouverts évoque l'idée de perception, de conscience, alors que l'autre peut symboliser le sommeil ou un état contemplatif. Ces masques représentent peut-être Corbeau, le Voleur-qui-a-dérobé-la-lumière, symbole de l'émergence de la conscience humaine de l'inconscient collectif qui dominait les cultures anciennes depuis la nuit des temps. Une des plus anciennes représentations de Corbeau, trouvées lors de fouilles sur des sites de Prince Rupert, date d'il y a environ 3000 ans. Cela indique que Corbeau, en tant que héros culturel, a commencé à émerger des abysses primitives il y a très très longtemps.

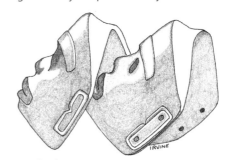

Masques de pierre

Chapitre onze

LES PRÉSENTATIONS THÉMATIQUES

À l'entrée de la salle, un chef tsimshian accueille les visiteurs à cette exposition sur l'art et la culture de son peuple. Cinq îlots thématiques explorent différents aspects de la culture tsimshiane en remontant très loin dans le passé. Cette aire, qui regorge d'artefacts, réunit mannequins et vitrines. Celles-ci contiennent des objets soit exhumés de sites préhistoriques, soit qui datent de l'époque des premiers contacts avec les Européens et qui ont été recueillis par le Musée. Les artefacts archéologiques, datant pour la plupart d'il y a environ 2000 ans, sont exposés sur fond rouge alors que les objets historiques le sont sur fond vert. On peut

également consulter les cahiers didactiques ou découvrir, dans les tiroirs, d'autres artefacts qui proviennent des riches collections du Musée.

L'entrée de l'exposition **Du fond des âges**

Photo : Harry Foster (MCC S94-13, 738)

Le commerce et la guerre

Des échanges commerciaux ont eu lieu entre groupes autochtones, le long de la côte de même qu'entre l'Amérique du Nord et l'Asie, pendant des dizaines de milliers d'années. Les Tsimshians échangeaient surtout de l'huile d'eulakane. Ils la troquaient - avant la venue des Européens - contre des articles tels que le jade, l'obsidienne, le cuivre, les fourrures, la viande, les coquillages et les baies. L'obsidienne est un verre volcanique noir avec lequel on faisait des pointes de lance et des couteaux, tandis que le jade est une pierre dure que l'on utilisait pour fabriquer des outils et des massues de guerre.

Les coquilles de dentale et d'haliotide étaient les matériaux de prédilection pour décorer les vêtements et les objets cérémoniels ainsi que pour faire des boucles d'oreilles et des pendentifs. Les Européens ont introduit le fer et l'acier - avec lesquels on fabriquait des armes, des récipients et des outils de menuiserie - de même que la laine, le coton, les boutons et les perles.

La guerre est aussi vieille que l'humanité, et on la déclenchait pour divers motifs : d'anciens affronts à venger, le territoire d'un autre peuple à envahir, des richesses à s'approprier ou des caches de nourriture à piller. Les armes exposées comprennent des arcs et des flèches, des poignards, des massues, des boulets brise-canots ainsi qu'un propulseur - une planchette de la longueur du bras du guerrier servant à augmenter la force de propulsion d'une lance. On peut apercevoir, sur la gauche des masques de pierre, la cache d'armes d'un guerrier enfouie il y a 2000 ans.

L'armure que porte le mannequin de guerrier se compose d'une épaisse veste et d'une tunique en cuir de lion de mer ainsi que d'un heaume à visière de bois, qui lui protège la tête et le cou. Une Baleine est dessinée sur le devant de la tunique; la queue se trouve en haut, le corps et la tête dédoublés s'étirent sur les côtés. Au centre, on aperçoit la colonne vertébrale de la Baleine, dont le corps est parsemé de petits Saumons. Si on voit la Baleine et le Saumon représentés sur la tunique, c'est peut-être que l'on

Guerrier

croit que les montaisons de saumon prennent leur source dans les baleines, créatures sous-marines puissantes qui mangent les saumons et les régurgitent. Ce genre d'armure était porté avant l'introduction du mousquet dans les années 1830.

La richesse et le rang

La société tsimshiane se divisait en trois classes : les nobles, les roturiers et les esclaves. La richesse se reflétait dans les vêtements et les ornements personnels que les chefs, leurs épouses et leurs enfants arboraient. On portait, comme symboles visibles de prestige et de pouvoir spirituel, des bracelets, des labrets (disques étirant les lèvres), des boucles d'oreilles, des pendentifs, des coiffures et des chapeaux décorés ainsi que des costumes élaborés. La richesse comprenait également le droit de chasser et de pêcher dans certains endroits, d'exécuter des danses et des chants donnés de même que d'utiliser certains symboles sur les mâts, les écrans, les vêtements et d'autres objets domestiques. Même si les chefs et leur famille immédiate avaient l'apanage de l'étalage et de la gestion de la richesse, tous les villageois contribuaient à l'opulence de la communauté. On ne considérait pas la richesse comme la seule prérogative du chef, mais bien comme un privilège dont pouvaient jouir toutes les familles étendues appartenant à un village.

Le mannequin de chef porte une couverture chilkat sur les épaules, une chemise de cuir, un tablier de cuir peint dont les franges s'ornent de pinces de sabots de daims, des mitasses et des mocassins. Il tient un hochet en forme de Corbeau et porte sur la tête une coiffure élaborée qui représente Nagunaks, le gardien des âmes aux enfers. Ce dernier a une tête d'Ours et le rouge de ses mains symbolise peut-être le fait qu'il retenait les âmes des morts jusqu'à ce qu'elles soient prêtes à se réincarner en humains. Le masque noir aux drôles d'yeux blancs du chef faisait partie d'un costume de danse cérémonielle.

Chef

Le chamanisme

Le chaman (homme ou femme) possédait le pouvoir psychique de prédire l'avenir et de voir des événements qui se produisaient très loin de lui. Il pouvait avoir appris à manipuler les forces naturelles et surnaturelles qui influençaient les gens et les événements, ou avoir reçu ces pouvoirs lors de rêves ou de rencontres avec des êtres surnaturels. Le chaman avait le pouvoir de faire le mal : il jetait des mauvais sorts; ou de faire le bien : il guérissait les malades, faisait venir le gibier ou le poisson, influençait l'issue d'une guerre ou prédisait le temps.

Ce mannequin de femme chaman porte un labret à la lèvre inférieure, signe qu'elle provient d'une famille noble. Elle arbore une coiffure de griffes d'ours et une peau d'ours. Les ours étaient considérés comme des animaux puissants dont la vaillance aidait les chamans à acquérir le pouvoir nécessaire à l'accomplissement de leur travail. Elle porte également une blouse de cuir et, dans le cou, un capteur d'âmes. Son tablier de cuir est décoré de deux têtes d'animaux peintes - elles sont en partie cachées par la peau d'ours. Elles sont à l'envers pour la personne qui regarde, mais à l'endroit pour le chaman qui travaille avec le tablier. Les dessins sont souvent placés à l'envers, sur les vêtements, pour que celui qui les porte les voit et qu'ils lui assurent force et protection. Des pinces de sabots de daims pendent des deux rangs de franges qui terminent son vêtement. La femme chaman tient un magnifique hochet rond qui symbolise la terre. Dans son autre main, elle tient un bâton orné d'une figure humaine surmontée d'anneaux de potlatch. Le bâton est un symbole d'autorité et évoque l'axe du monde qui relie le monde d'en haut au monde d'en bas. Les chamans utilisaient des objets de pouvoir comme des poupées, des hochets, des amulettes, des masques, des chalumeaux, des instruments tranchants, des pirogues miniatures et des capteurs d'âmes pour les aider à se rendre dans des endroits éloignés et pour intercéder auprès des esprits. De nombreux objets de ce genre sont exposés dans la vitrine voisine du mannequin de chaman.

Les activités des femmes

Les femmes contribuaient au bien-être de la famille de nombreuses façons. Elles élevaient les enfants, gardaient le feu, préparaient les repas, confectionnaient les vêtements et tissaient des paniers. Elles faisaient la cueillette et s'occupaient du séchage des fruits et des légumes sauvages, des coquillages ainsi que des plantes nécessaires à la préparation de teintures ou de médicaments. Elles recueillaient l'écorce de cèdre pour faire des nattes, des chapeaux, des capes et des jupes. Avec les hommes, elles pêchaient le saumon et l'eulakane et les faisaient sécher. On peut voir dans cette section beaucoup d'outils utilisés pour cueillir les fruits de la nature, préparer les aliments et confectionner les vêtements.

Avant la venue des Européens, les vêtements quotidiens des Autochtones étaient faits en écorce de cèdre. On choisissait de jeunes arbres bien droits, dont on ne détachait qu'une partie de l'écorce, de manière à en assurer la survie. On pratiquait deux entailles horizontales sur le tronc, en bas et en haut de la partie à enlever, on dégageait un morceau d'écorce à la base de l'arbre et on l'écartait du tronc. Venait alors une longue bande d'écorce. On enlevait l'écorce externe et on battait l'écorce interne avec des battoirs pour assouplir les fibres. Les bandes d'écorce ainsi assouplies devenaient malléables et on pouvait les tisser. On en faisait des vêtements bien ajustés tels que des capes, des jupes portefeuille et des couvertures. Les vêtements en écorce de cèdre huilée convenaient parfaitement à un climat humide parce qu'ils étaient chauds, imperméables et qu'ils séchaient rapidement lorsqu'ils étaient mouillés. Des chapeaux en racine d'épinette et en

Chaman

Ramasseuse de palourdes

écorce de cèdre tissées serré protégeaient du soleil et de la pluie.

Le mannequin, une ramasseuse de palourdes coiffée d'un chapeau en racine d'épinette et habillée d'une cape ainsi que d'une jupe en écorce de cèdre, transporte un panier rempli de palourdes et d'autres coquillages. Elle tient un bâton à fouir, long et étroit, qu'elle enfonçait rapidement dans les flaques de l'estran pour déloger les palourdes.

Les activités des hommes

La chasse, la pêche, la construction des maisons, la fabrication des pirogues, des mâts totémiques et des boîtes en planche pliée de toutes dimensions font partie des activités importantes qui étaient du ressort des hommes. On confiait à des maîtres sculpteurs et à leurs apprentis les projets exigeant une maîtrise exceptionnelle du travail du bois. Les hommes ne perdaient jamais de vue, dans l'accomplissement de leurs travaux, les rites à observer et le respect à démontrer aux esprits à qui l'humanité devait ces ressources.

Le mannequin de chasseur est en tenue d'hiver, couvert de fourrures de la tête aux pieds. Son carquois et ses flèches pendent, en bandoulière, et il tient son arc dans la main droite. Son sac en fourrure contient probablement de la nourriture et les outils nécessaires pour dépecer le gibier. C'est le genre de vêtements que portaient les chasseurs de l'intérieur des vallées de la Skeena et de la Nass lorsqu'une épaisse couche de neige recouvrait le sol. Les gens de la côte portaient des vêtements en écorce, car leurs hivers étaient plus doux.

Les chasseurs, quand ils se préparaient pour la chasse, devaient se purifier par des bains de vapeur rituels. Les chamans communiquaient avec les esprits, qui avaient tout pouvoir sur les animaux, et leur demandaient de libérer ces derniers pour qu'ils viennent se faire prendre par les hommes. On entonnait des chants rituels près des animaux morts afin de leur rendre grâce pour la nourriture assurée. Dès leur plus jeune âge, on entraînait les garçons à devenir des chasseurs rapides et précis. On leur apprenait à tuer les animaux sans leur causer de souffrances inutiles.

On manifestait le même respect envers les arbres dont on se servait pour la construction de maisons, la fabrication de vêtements ou la préparation de médicaments. Les arbres, tout comme les animaux, avaient une âme et étaient donc des êtres vivants. Lorsque les Autochtones prélevaient les feuilles, l'écorce, le bois et les racines de l'arbre, ils marquaient, par des pratiques rituelles, leur profonde admiration pour sa magnificence et leur reconnaissance du lien spirituel qui les unissait à lui. Les outils dont les hommes se servaient pour travailler le bois - tirer des planches des arbres sans les tuer ou sculpter de superbes objets - étaient souvent décorés de motifs susceptibles de plaire aux esprits des arbres. Parmi ces outils se trouvaient de beaux maillets en pierre, des herminettes coudées et en forme de D ainsi que d'excellents outils de sculpteur tels que ceux exposés dans ce secteur.

La pêche était une affaire de famille. Lorsque les saumons

Chasseur

remontaient le courant, des villages entiers se rendaient sur les lieux de pêche hérités des générations précédentes. Les Tsimshians se nourrissaient principalement de diverses espèces de saumon. On croyait que les saumons étaient des humains qui vivaient dans des villages sous-marins. Le chef des Saumons libérait un certain nombre d'humains qui se transformaient en saumons et remontaient les cours d'eau. Lorsqu'on prenait le premier saumon, on organisait une cérémonie pour remercier le chef des Saumons. Toutes les arrêtes et les parties non comestibles du poisson étaient soigneusement brûlées ou rejetées à l'eau pour que les âmes des poissons redeviennent des humains qui retourneraient dans leur village sous-marin. Le mythe du prince saumon explique les origines de cette croyance. On trouvera en annexe une version de ce mythe.

Ils existait plusieurs méthodes pour attraper le poisson, entre autres l'usage de filets en fibre d'ortie, de harpons, de râteaux, de barrages ainsi que d'hameçons et de lignes. Plusieurs de ces objets sont exposés dans la vitrine à l'extrême gauche. On sculptait parfois les gros hameçons à flétan afin de séduire ces poissons et de les attirer vers les lignes. On façonnait et on décorait les gourdins - en pierre, en os et en bois - non seulement pour attirer le poisson, mais également pour manifester du respect envers ceux qui donnaient volontairement leur chair pour nourrir les humains.

On peut voir un séchoir à poisson dans le coin près de la grosse pierre de quartzite blanc. Des saumons y ont été mis à sécher, et un piège à poisson est rangé au-dessus du séchoir. Pour construire un barrage à poisson, on plaçait un piège dans un cours d'eau et on fixait une clôture de bois de chaque côté, en travers du cours d'eau, afin de former un V dont la pointe était orientée vers l'amont. Lorsque les saumons remontaient le courant pour frayer, ils se dirigeaient dans le piège, où des pêcheurs les harponnaient.

*Pêche au saumon
au harpon*

Les poteaux de maison tlingits

Les quatre poteaux d'intérieur de maison tlingits, à l'extrémité du couloir de circulation, près de la pirogue haïda, sont de belle facture. Ils proviennent de deux villages différents d'Alaska. Il s'agit probablement des poteaux les plus anciens des collections du Musée.

Les deux poteaux identiques ont été sculptés dans une épinette, vers 1810. Au sommet, on voit la face ronde de l'Ours; il a une gueule d'aspect humain, des dents et des mains. Dans sa bouche, il tient la queue du Requin bourbeux. Les nageoires du Requin bourbeux étaient autrefois insérées dans les deux fentes centrales, mais elles ont disparu (on prévoit les remplacer). Sur les côtés, sous les bras de l'Ours, on aperçoit le visage d'un animal, peut-être le Loup, et au-dessous ses griffes noires. À la base se trouve la face du Requin bourbeux, avec un haut front ovale en haut duquel une autre paire d'yeux est sculptée.

Ces poteaux appartenaient à deux maisons différentes; ils ont été déplacés plusieurs fois pour être laissés à la maison du Requin à Old Village, en Alaska. Les poteaux ont été remis sur pied en 1855, et une enfant esclave a été sacrifiée pour redonner à la maison un *esprit vivant*. C'est le seul cas rapporté de sacrifice humain au moment de l'érection d'un poteau de maison.

Les deux autres poteaux sont de même style, mais on y remarque de légères différences. Sur le sommet de l'un se trouve l'Aigle avec un bec crochu et des yeux sur les ailes et les pattes. Au centre, on voit le Requin bourbeux avec deux nageoires dorsales recourbées et ornées de visages à leur base. La face du Requin bourbeux décore la base du poteau. Il reste des traces de peinture bleu-vert sur les visages de ces poteaux. Le quatrième poteau porte, à son sommet, un homme au visage souriant. Sur ses pectoraux, on voit de petites faces de Requin bourbeux à l'intérieur d'une nageoire dorsale. À la base, on peut voir la grosse face du Requin bourbeux. Sur les côtés se trouvent des griffes et des yeux peints, en noir, plutôt que sculptés comme sur les autres poteaux. Ce poteau a été coupé à la base pour en éliminer les parties pourries.

Poteaux de maison tlingits à motif de Requin bourbeux

51

Conclusion

Nous voici arrivés au terme de notre visite de la Grande Galerie. Celle-ci nous a conduits des basses terres du sud de la Colombie-Britannique continentale jusque dans le nord de cette province et en Alaska, en longeant la côte. Nous avons traversé 5000 ans d'histoire autochtone. Les cultures autochtones sont bien plus anciennes que les civilisations grecque et romaine. Elles existent depuis des siècles et n'ont pas connu d'interruption irrémédiable. Les Autochtones ont consigné leur histoire et leurs croyances - qui influencent toujours, encore aujourd'hui, l'évolution de leur culture - dans leur art, leur architecture, leurs mythes et leurs rituels.

Les mythes représentés sur les mâts totémiques, les façades de maisons, les écrans et cloisons ainsi que les masques témoignent des périples de l'être humain à la recherche de la connaissance. Il se rend jusque dans les profondeurs de la forêt et de la mer, où des rencontres avec des créatures effrayantes l'investissent de pouvoirs accrus. L'expérience des ténèbres transforme les personnes. Elle leur donne la force et le savoir dont elles auront besoin lorsqu'elles reviendront dans le monde des humains.

Le thème de la dualité, cette tension dynamique entre deux contraires, qui provoque une métamorphose et assure la plénitude de la personne, revient souvent dans l'art et la littérature autochtones. L'Oiseau-Tonnerre et l'Épaulard sont d'éternels adversaires, représentant les forces contraires du monde d'en haut et du monde d'en bas. Corbeau, cet oiseau mythique au cri rauque,

personnifie cette tension cosmique entre la lumière et les ténèbres qui pourrait engendrer, vraisemblablement, l'union entre deux égaux. Une autre croyance importante veut que tout ce qui vit, le visible et l'invisible, soit lié. Cette croyance doit inciter les humains à continuer de communiquer avec les esprits, à exécuter les rites nécessaires à la perpétuation du cycle de la naissance, de la mort et de la renaissance.

Nous espérons que la lecture de ce guide vous a plu et vous a ouvert une fenêtre sur la richesse de l'art et de la culture des peuples de la côte ouest.

Amulette de chaman tsimshian représentant la métamorphose d'un oiseau en être humain

Annexe

L'HISTOIRE DU PRINCE SAUMON

Il s'agit d'un mythe indispensable à la compréhension du devoir sacré que se font les Tsimshians de respecter tous les êtres de la terre, qu'ils soient animés ou inanimés. Il existe de nombreuses versions du mythe du prince saumon. Certaines enseignent que les restes des saumons doivent être brûlés. D'autres stipulent qu'ils doivent être remis à l'eau pour que l'âme des saumons renaisse sous forme humaine.

La version* que nous présentons ici débute dans un village situé sur les rives de la rivière Skeena. Les gens y mouraient de faim parce que les saumons n'avaient pas remonté la rivière pour aller frayer. La femme du chef avait transgressé un tabou en gardant un saumon dans une boîte durant plus d'une année. Un jour, son neveu arriva alors qu'elle était sortie. Comme il avait faim, il fureta à gauche et à droite et trouva le saumon, le mangea, puis jeta les arêtes et les entrailles dans le feu. Lorsque sa tante revint et se rendit compte de ce qu'il avait fait, elle le réprimanda vertement. Confus et peiné, il quitta le village et se rendit au bord de la rivière.

Alors qu'il se tenait là, tout triste, une pirogue s'approcha et l'homme qui se trouvait à la proue cria à l'homme de barre qu'il avait trouvé le prince qu'ils cherchaient. L'homme à la poupe invita le jeune homme à monter à bord. Il lui expliqua que son oncle avait été très malade et qu'il les avait envoyés à la recherche du jeune homme pour le ramener dans leur village.

Le jeune homme monta dans la pirogue et ils partirent aussitôt. Lorsqu'il regarda autour de lui, il se rendit compte qu'ils naviguaient sous l'eau. L'équipage

Gourdin à motif de Saumon

*Résumé d'un texte de John Cove. «The Man Taken by Salmon», dans *Shattered Images*, collection Carleton Library, Ottawa, Carleton University Press, 1987, p. 53-64.

Prince tsimshian

entier portait des vêtements chatoyants aux couleurs vives et la pirogue était ornée à la proue d'un monstre bicéphale. Le beau jeune homme qui se tenait à la poupe lui dit : «Prends cette pierre et mets-la dans ta bouche. Ainsi tu ne courras aucun danger, mais ne l'avale pas. Lorsque tu te sentiras seul ou que tu auras peur, elle te protégera.» Ils virent défiler de nombreux villages et arrivèrent enfin à un très grand village aux nombreuses maisons. Le beau jeune homme était un prince saumon, et il dit au neveu de rester près de lui et de suivre ses conseils.

Le neveu fut amené à la maison du chef des Saumons du printemps, où on l'accueillit avec des festivités, où on lui offrit divers mets. Le chef parla de sa maladie et expliqua qu'il était resté longtemps sous forme de saumon dans la boîte avant d'être mangé. Il avait été guéri lorsque son neveu - le chef des Saumons du printemps était l'oncle du jeune homme qui arrivait du monde des humains; à chaque village humain correspond un village sous-marin - avait mangé le saumon et jeté les arêtes au feu. Le chef des Saumons du printemps avait été capturé par l'oncle de son neveu et placé dans une boîte par sa tante.

Le lendemain, le prince saumon informa le neveu que s'il désirait manger du saumon, il n'avait qu'à assommer un des enfants qui jouaient sur la plage et que celui-ci se changerait aussitôt en saumon. Il devait veiller à jeter tous les restes dans le feu. Le neveu fit ce que le prince saumon lui avait recommandé de faire. Lorsqu'il leva les yeux après avoir mangé, il vit l'enfant qu'il avait assommé courir sur la plage en criant : «Je suis aveugle, je ne vois plus rien.» Le prince saumon lui expliqua qu'il avait dû oublier de mettre les yeux du saumon dans le feu. Lorsque ce fut fait, l'enfant retrouva la vue. Le neveu interrogea le prince à propos d'autres enfants qui étaient infirmes. Le prince saumon répondit que c'était parce que des humains avaient négligé de brûler tous les restes de saumon.

Le neveu demeura dans ce village pendant ce qui lui sembla une très longue période. Il désirait retourner dans son village. Le prince saumon lui apprit qu'il n'était parti que depuis quelques jours, mais qu'il le raccompagnerait jusqu'à Kitselas, son village sur les rives de la Skeena. Lorsque le neveu arriva sous forme de bébé dans le ventre d'un saumon, les gens furent très heureux de le revoir, car ils l'avaient cru mort. Puisqu'il était le neveu d'un chef, c'était un prince. Le jeune prince grandit très rapidement et le prince saumon et lui devinrent des compagnons inséparables.

Un jour, le prince de Kitselas dressa un plan pour capturer des aigles. Le prince saumon n'approuvait pas son projet parce que cela violait un tabou des Saumons et que cela pourrait avoir des conséquences néfastes. Le neveu décida néanmoins de mettre son projet à exécution. Ils construisirent une hutte, et, afin d'y attirer des aigles, le prince de Kitselas, avec sa pierre magique dans la bouche, se changea en saumon. Lorsqu'un aigle s'abattait sur lui, le prince saumon l'attrapait et le prince de Kitselas reprenait forme humaine. Ce plan marcha pendant un moment, mais finalement une catastrophe se produisit : la pierre tomba de la bouche du saumon et un aigle tua le prince de Kitselas. Le prince saumon remit la pierre dans la bouche du saumon mort, qui se transforma en cadavre du prince, son compagnon.

Les Saumons vinrent chercher le corps du prince et le ramenèrent dans son village sous les eaux de la mer, voyageant encore une fois dans une pirogue à la proue ornée d'un monstre à deux têtes. Le prince saumon alla à la rencontre du chef saumon avec son compagnon. Le chef et son chaman exécutèrent des chants et des danses rituelles devant le cercueil du prince. Lorsqu'il entendit son oncle dire qu'il s'était ennuyé de lui, le prince se leva de son cercueil. Même s'il avait quitté le village des années auparavant, les maisons et les gens portant des vêtements chatoyants aux couleurs vives n'avaient pas changé, comme si le temps avait arrêté son cours. Le prince et le prince saumon redevenaient des compagnons inséparables.

Finalement, le prince tomba amoureux d'une belle jeune femme, capturée par les Saumons parce qu'elle ne montrait aucun respect envers le saumon. Elle ne pouvait pas se marier, car, en guise de punition, des dents étaient apparues dans son vagin. Le prince décida de l'épouser

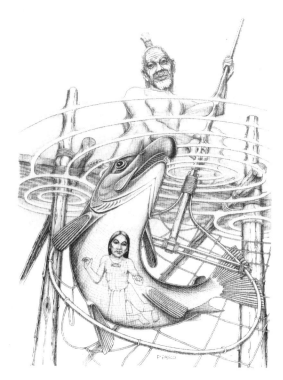

Le prince de Kitselas revenant à son village dans le ventre d'uh saumon

quand même et réussit à la débarrasser des dents grâce à sa pierre magique. Ils habitèrent le village saumon pendant de nombreuses années, puis retournèrent dans leur propre village sur les bords de la Skeena.

Ce mythe peut s'interpréter à divers niveaux. D'une part, il explique l'origine des rites et des tabous entourant la consommation du saumon et renforce la croyance que les humains et le saumon partagent un même bassin d'âmes, d'où tous les êtres terrestres tirent leur conscience. Si les humains négligent de témoigner du respect au premier saumon mangé en se débarrassant de ses restes de façon adéquate, cela brise le cycle de la réincarnation des saumons en humains et des humains en saumons. Les humains vont mourir de faim parce que le saumon ne reviendra plus dans les rivières Skeena et Nass. D'autre part, le rite qui consiste à brûler les restes de saumon dans le foyer central pourrait avoir une très ancienne signification symbolique. On a considéré, dans les cultures anciennes, le foyer central, qui réchauffe et éclaire la maison, comme le premier autel de l'humanité. La fumée qui se dégage du feu, lors d'actes de combustion rituels, fait monter des messages vers le ciel, unissant momentanément les deux mondes.

Amulette en forme de Saumon

D'un point de vue psychologique, cette histoire montre comment des humains peuvent communiquer avec leur moi profond. Ce mythe représente une quête de l'esprit. Le jeune homme se rend dans le monde sous-marin, à l'intérieur de l'inconscient collectif, pour trouver son véritable moi. Il reçoit les enseignements de son autre moitié, le prince saumon, qui peut représenter le moi profond sacré, l'âme éternelle. Comme tous les humains, le prince de Kitselas passe fatalement sa vie à la recherche de son moi véritable.

La pierre recélait des pouvoirs magiques qui aidaient le prince de Kitselas dans sa quête de connaissance et de confiance en soi. Son compagnon indéfectible, le prince saumon, pourrait représenter le côté intuitif de la mémoire, qui se rattache elle-même à la vérité et à la sagesse universelles. Refuser d'écouter sa voix intérieure, comme l'a fait le prince de Kitselas, peut être néfaste. Mais lorsque le rationnel et l'intuitif œuvrent de concert, la personne s'unifie, elle acquiert le savoir. Même si les circonstances changent, des mythes comme celui-ci nous livrent toujours des enseignements qui nous rappellent la sagesse de nos ancêtres.